I0819638

Libro Católico
de
NOVENAS

Los primeros que hicieron una novena fueron María y los Apóstoles en el Cenáculo, como preparación a la venida del Espíritu Santo.

Libro Católico de NOVENAS

UNAS VEINTECINCO NOVENAS POPULARES, ESMERADAMENTE PREPARADAS PARA USO PRIVADO DENTRO DEL MARCO LITURGICO Y FIESTAS DEL SEÑOR, DE MARIA Y DE ALGUNOS SANTOS

TIPO GRANDE

Cada novena va precedida de una meditación provechosa

Por el

REV. LORENZO G. LOVASIK, S.V.D.
Misionero del Verbo Divino

Ilustrada en colores

CATHOLIC BOOK PUBLISHING CORP.
Nueva Jersey

NIHIL OBSTAT: Rev. Anthony J. Figueiredo, S.T.D.
Censor Librorum

IMPRIMATUR: ✠ Most Rev. John J. Myers, J.C.D., D.D.
Arzobispo de Newark

ABREVIATURAS DE LOS LIBROS DE LA BIBLIA

Abd – Abdías
Ag – Ageo
Am – Amós
Ap – Apocalipsis
Bar – Baruc
Cnt – Cantares
1 Co – 1 Corintios
2 Co – 2 Corintios
Col – Colosenses
1 Cr – 1 Crónicas
2 Cr – 2 Crónicas
Dn – Daniel
Dt – Deuteronomio
Ec – Eclesiastés
Eclo – Eclesiástico
Ef – Efesios
Esd – Esdras
Est – Ester
Ex – Exodo
Ez – Ezequiel
Fil – Filipenses
Flm – Filemón
Gá – Gálatas
Gn – Génesis
Hab – Habacuc
Hch – Hechos
He – Hebreos
Is – Isaías
Jdt – Judit
Jl – Joel
Jn – Juan
1 Jn – 1 Juan
2 Jn – 2 Juan
3 Jn – 3 Juan
Job – Job
Jon – Jonás
Jos – Josué
Jr – Jeremías
Jud – Judas
Jue – Jueces
Lc – Lucas
Lev – Levítico
Lm – Lamentaciones
1 Mac – 1 Macabeos
2 Mac – 2 Macabeos
Mal – Malaquías
Mc – Marcos
Mi – Miqueas
Mt – Mateo
Nah – Nahúm
Neh – Nehemías
Nm – Números
Os – Oseas
1 Pe – 1 Pedro
2 Pe – 2 Pedro
Pr – Proverbios
1 Re – 1 Reyes
2 Re – 2 Reyes
Ro – Romanos
Rt – Rut
Sab – Sabiduría
Sal – Salmos
1 Sm – 1 Samuel
2 Sm – 2 Samuel
Sof – Sofonías
Stg – Santiago
1 Ti – 1 Timoteo
2 Ti – 2 Timoteo
Tit – Tito
Tob – Tobit
1 Ts – 1 Tesalonicenses
2 Ts – 2 Tesalonicenses
Zac – Zacarías

(T-349)

ISBN 978-0-89942-349-4

Impreso en China 22 HA 1
catholicbookpublishing.com

PREFACIO

NOVENA quiere decir nueve días de oración pública o privada con especial motivo o intención. Esta práctica tuvo origen en los nueve días que pasaron orando los Apóstoles con María desde la Ascensión hasta el Domingo de Pentecostés. A lo largo de los siglos, la Iglesia ha enriquecido con indulgencias muchas novenas.

Por tanto, hace una novena quien persevera en oración pidiendo alguna gracia durante nueve días o nueve semanas consecutivas. Así ponemos en práctica lo que el Señor nos enseñó diciendo que debemos orar con perseverancia y confianza. Estas son sus palabras: "Pidan y se les dará, busquen y hallarán, llamen a la puerta y les abrirán. Porque todo el que pide recibe, y el que busca halla, y al que llame a una puerta se le abrirá" (Lc 11, 9-10).

Son muchos los católicos piadosos que hacen novenas a Dios, a Nuestra Señora y a los Santos. Publicamos esta obra para servir a quienes gustan de hacer novenas y quisieran tenerlas en un solo libro. Todas ellas escogidas entre las más populares. A cada una precede una breve instrucción o meditación.

Además de proporcionar oraciones para obtener de Dios algún favor, facilitamos que los fieles se animen y oren con frecuencia, porque, después de los Sacramentos, la oración es la fuente más abundante de gracia de Dios.

Haciendo novenas conforme a los distintos períodos del calendario eclesiástico estamos fomentando la Liturgia de la Iglesia, que ayuda nuestra oración. La disposición del libro permite seleccionar con facilidad las oraciones correspondientes a las diversas épocas y fiestas del Año Eclesiástico.

Procura hablar con Dios durante la novena. Ser sincero con El es de capital importancia. A medida que aumente diariamente en tí la oración y la meditación llegarás a conversar con Dios más a gusto que con cualquier amigo íntimo.

Sírvete de tus propias palabras en esta sencilla e íntima charla con Dios; así conseguirás la manera propia y personal de orar. Verás que el Espíritu Santo ilumina tu mente y te da fuerzas para cumplir la voluntad de Dios.

Rev. L. G. Lovasik, S.V.D.

“Que toda su atención esté puesta en el Reino de los Cielos y en hacer lo bueno, y así recibirán también todas estas cosas” (Mt 6, 33).

CONTENIDO

Las Novenas y la Oración ... 13

PRIMERA PARTE

La Santísima Trinidad
Padre, Hijo y Espíritu Santo

Dios Padre

TIEMPO DE ADVIENTO
1. Novena de Adviento ... 20
2. Dios Padre ... 30

Dios Hijo

TIEMPO DE NAVIDAD
3. Novena del Nacimiento ... 42
4. El Niño Jesús ... 55

TIEMPO DE CUARESMA
5. Novena Cuaresmal ... 66
6. Jesús Crucificado ... 89

ASCENCION
7. Novena de la Ascención ... 96

CORPUS CHRISTI
8. El Sacramento de la Sagrada Eucaristía. 105

EL SAGRADO CORAZÓN DE JESÚS
9. El Sagrado Corazón de Jesús ... 118

CRISTO REY
10. Cristo Rey ... 138

Dios Espíritu Santo

PENTECOSTES
11. El Espíritu Santo ... 149

SEGUNDA PARTE

La Santísima Virgen María

ENERO

12. María, la Madre de Dios, 1ro de Enero (Anunciación, 25 de Marzo; Visitación, 31 de Mayo) 164
13. Nuestra Señora del Perpetuo Socorro... 176

FEBRERO

14. Nuestra Señora de Lourdes y Santa Bernardita, 11 de Febrero 185

JUNIO

15. El Inmaculado Corazón de María (Sabado siguiente al 2° Domingo de Pentecostés) 195

AGOSTO

16. La Asunción de María, 15 de Agosto (Realeza de María, 22 de Agosto) 205

OCTUBRE

17. Novena del Rosario, Nuestra Señora del Santísimo Rosario, 7 de Octubre 214

DICIEMBRE

18. La Inmaculada Concepción, 8 de Diciembre (Nuestra Señora de Lourdes y Santa Bernardita, 11 de Febrero) 264
19. La Medalla Milagrosa, 8 de Diciembre 276
20. Nuestra Señora de Guadalupe, 12 de Diciembre 285

TERCERA PARTE

Los Angeles y los Santos

MARZO

21. San José, 19 de Marzo (San José Obrero, 1ro de Mayo) ... 300

MAYO

22. Santa Rita, 22 de Mayo ... 312

JUNIO

23. San Antonio de Padua, 13 de Junio ... 322

JULIO

24. Santa Ana, 26 de Julio ... 329

OCTUBRE

25. Los Santos Angeles, 2 de Octubre ... 341

NOVIEMBRE

26. Nuestro Santo Patrono (Solemnidad de Todos los Santos, 1ro de Noviembre) ... 354

CUARTA PARTE

Las Benditas Almas del Purgatorio

27. Por las Benditas Almas del Purgatorio, 2 de Noviembre ... 362

QUINTA PARTE

Necesidad Particular

28. Novena de la Salud ... 374

"Su Padre conoce lo que ustedes necesitan, antes que se lo pidan" (Mt 6, 8).

LAS NOVENAS Y LA ORACION DICE JESUS:

"VENGAN a mí los que se sienten cargados y agobiados, porque yo los aliviaré. Carguen con mi yugo y aprendan de mí que soy paciente de corazón y humilde, y sus almas encontrarán alivio. Pues mi yugo es bueno y mi carga liviana" (Mt 11, 28-39).

"Pidan y se les dará, busquen y hallarán, llamen a la puerta y les abrirán. Porque todo el que pide recibe, y el que busca halla, y, al que llame a una puerta, se le abrirá" (Lc 11, 9-10).

"En verdad, les digo: todo lo que pidan al Padre en mi Nombre, él se lo dará. Hasta ahora no han pedido nada invocando mi Nombre: pidan, y recibirán, y su gozo será completo" (Jn 16, 23-24).

"Ahora me toca irme al Padre. Y lo que ustedes pidan en mi Nombre, lo haré yo, para que el Padre sea glorificado en su Hijo. Y también, si me piden algo en mi Nombre, yo lo haré" (Jn 14, 12-13).

"Tú, cuando reces, entra en tu pieza, cierra la puerta y reza a tu Padre que comparte tus secretos, y tu Padre, que ve los secretos, te premiará" (Mt 6, 6).

"Antes que pidan, el Padre sabe lo que necesitan" (Mt 6, 8).

"Todo lo que pidan con una oración llena de fe, lo conseguirán" (Mt 21, 22).

"Si se quedan en mí, y mis palabras permanecen en ustedes, todo lo que deseen lo pedirán, y se les concederá" (Jn 15, 7).

"El que come mi carne y bebe mi sangre permanece en mí, y yo en él" (Jn 6, 56).

"Antes que pidan, el Padre sabe lo que necesitan. Ustedes, pues, oren de esta forma: Padre nuestro, Padre de los Cielos, santificado sea tu Nombre, venga tu Reino, hágase tu voluntad en la tierra como en el Cielo. Danos hoy el pan de este día y perdona nuestras deudas, como nosotros perdonamos a nuestros deudores, y no nos dejes caer en la prueba, sino líbranos del Malo"(Mt 6, 8-13).

"Estén despiertos y orando, para que no caigan en tentación"(Mt 26, 41).

Dice San Pablo:

"Alégrense en el Señor en todo tiempo. Les repito: alégrense, y den a todos muestras de un espíritu muy comprensivo. El Señor está cerca: no se inquieten por nada. En cualquier circunstancia recurran a la oración y a la súplica, junto a la acción de gracias para presentar sus peticiones a Dios. Entonces la paz de Dios, que es mucho mayor de lo que se puede imaginar, les guardará su corazón y sus pensamientos en Cristo Jesús" (Fil 4, 4-7).

"Vivan orando y suplicando. Oren en todo tiempo según les inspire el Espíritu. Velen en común y prosigan sus oraciones sin desanimarse nunca, intercediendo a favor de todos los hermanos"(Ef 6, 18).

"En las pruebas: sean pacientes. Oren en todo tiempo" (Ro 12, 12).

"Estén siempre alegres, oren sin cesar y en toda ocasión den gracias a Dios: ésta es, por voluntad de Dios, vuestra vocación de cristianos"(1 Ts 5, 16-18).

"Este favor conseguido por la intercesión de numerosas personas, hará que muchos también le den gracias por nosotros" (2 Co 1, 11).

Dice Santiago:

"Confiésense unos a otros sus pecados y pidan unos por otros para que sanen" (Stg 5, 16).

Plegaria de la Virgen:

"Celebra todo mi ser la grandeza del Señor y mi espíritu se alegra en el Dios que me salva, porque quiso mirar la condición humilde de su esclava, en adelante, pues, todos los hombres dirán que soy feliz. En verdad, el Todopoderoso hizo grandes cosas para mí: reconozcan que Santo es su Nombre; que sus favores alcanzan a todos los que le temen y prosiguen en sus hijos" (Lc 1, 46-50).

"Bendito sea Dios Padre con su Hijo único y el Espíritu Santo, porque nos ha revelado el amor que nos tiene" (Liturgia del Domingo de la Santísima Trinidad).

Primera Parte

LA SANTISIMA TRINIDAD: PADRE, HIJO Y ESPIRITU SANTO

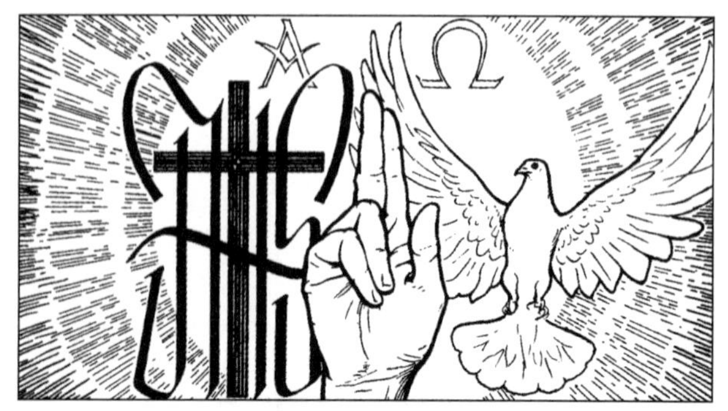

Dios Padre

—TIEMPO DE ADVIENTO—

1. NOVENA DE ADVIENTO

MEDITACION

LA creación, incluídos nosotros mismos, forma parte de un plan general del Creador. Pero, nuestros primeros padres fueron tentados por el diablo y desobedecieron a Dios. Por esta razón perdieron para ellos y para toda la posteridad la vida de la gracia y santidad. Este es el estado de pecado original en que todos nacemos. Las puertas del cielo fueron cerradas a la humanidad como resultado del pecado original.

Por eso, fue necesaria la Redención que llevó a cabo Jesús, quitando el pecado del mundo (Jn 1, 29). Solamente por Cristo puede el hombre pecador llegar a ser hombre celestial tal como Dios lo había dispuesto (1 Co 15, 45-49).

Adviento es el tiempo para avivar nuestra esperanza de la revelación como hijo de Dios (Ro 8, 19). Es espe-rar la venida de Cristo por gracia en Navidad y su venida final cuando se cumpla el plan de Dios para todos los revestidos en Cristo por la fe y el Bautismo (Gá 3, 27).

Dios nos da a conocer su plan por medio de los Profetas, y en Adviento la Iglesia nos repite sus palabras. Los grandes precursores fueron Isaías y Juan Bautista, a los cuales se añaden otros como Baruc, Jeremías, Sofonías y Miqueas, hasta que llega Jesús en quien se cumplen todas las promesas que Dios había hecho.

Desde el día de la Anunciación, María mejor que nadie en el mundo, tuvo la dicha de conocer la plena verdad de que es Dios quien viene al mundo. Meditando en el misterio de Cristo, "el Hijo del Altísimo", comenzamos a entender que El nos incorporó a Sí mismo al hacerse hombre y que volverá de nuevo dándonos la salvación para establecer su Reino eterno.

Durante el Adviento, nuestra súplica ha de ser siempre: "Ven, Señor Jesús" (Ap 22, 20). Debemos rechazar "la maldad y las codicias mundanas" y vivir "en este mundo como seres responsables, justos y que sirven a Dios. Pues esperamos el día feliz en que se manifestará con su gloria nuestro magnífico Dios y Salvador Cristo Jesús" (Tit 2, 12-13).

LA PALABRA DE DIOS

"Al principio era el Verbo, y frente a Dios era el Verbo." —*Jn 1, 1-2*

"A Dios nadie lo ha visto jamás; el Hijo Unico, que está en el seno del Padre: es él que lo dio a conocer." —*Jn 1, 18*

"Este es el resplandor de la gloria de Dios y en él expresó Dios lo que es en sí mismo. El es el que mantiene el universo por su palabra poderosa." —*He 1, 3*

ORACIONES

Propia de la Novena

PADRE, Dios todopoderoso y eterno. Te doy gracias por Jesucristo nuestro Señor. Quien, al venir por vez primera en la humildad de nuestra carne, realizó el plan de salvación trazado desde antiguo y nos abrió el camino de la salvación trazado desde antiguo.

Ahora me preparo esperando el día en que me llegue la salvación prometida, cuando Cristo nuestro Señor venga de nuevo en su gloria.

Los profetas anunciaron su venida, la Virgen lo llevó en sus entrañas con inefable amor de madre. Juan Bautista lo proclamó ya próximo y señaló luego entre los hombres. El mismo Señor nos concede ahora bondadosamente prepararnos con alegría al misterio de su nacimiento, para encontrarnos así, cuando llegue, velando en oración y cantando su alabanza.

Al recordar la venida de nuestro Señor y Salvador, te suplico, Padre, me concedas la gracia que necesito para recibirle dignamente cuando venga a mi alma en Navidad. Te pido esta gracia en particular *(Mencione su deseo).*

Por el amor que Jesucristo nos ha manifestado haciéndose hombre para salvarnos, te suplico atiendas esta petición, si es así tu voluntad.

Para obtener los frutos de la venida de Cristo

SEÑOR, Dios Nuestro, ayúdame a prepararme bien para la

venida de tu Hijo Jesucristo. Que El me encuentre esperando en ferviente y gozosa oración.

Dios de consuelo y misericordia, fortalece mi debilidad y líbrame de pecado. Escucha mis plegarias para que pueda alegrarme en la venida de tu Hijo.

Tanto amaste al mundo que nos diste tu Unico Hijo para librarnos de la esclavitud del pecado y de la muerte. Ayúdame, pues espero su venida y llévame a la verdadera libertad. Borra mis pecados y justifícame. Atiende mi súplica y prepárame a celebrar la Encarnación de tu Hijo.

Dios todopoderoso, disponme a celebrar la gloria del Nacimiento de Cristo nuestro Salvador: todo el mundo proclama con gozo su venida. Espero que su poder me remedie. No permitas que mis debilidades me desalienten mientras me preparo a recibirle. Que yo te ame constantemente. Dame el gozo de tu amor para preparar su camino. Que yo te sirva a Ti y a mi prójimo.

Padre, que con mi esperanza prepare yo la llegada de nuestro Salvador. Que yo viva como El nos enseñó, listo para recibirte con fe y amor encendido. Que la aurora de tu gloria disipe mis tinieblas y pueda yo manifestarme a su llegada como hijo de la luz. Luz de su venida que me libre de las tinieblas del pecado y renueve su vida dentro de mí.

Mis pecados me hacen sufrir. Escucha mi oración y dame valor para la lucha. Que la venida del Señor me traiga el gozo de la salvación. Tu amor me guíe mientras espero su llegada. Mantenme fiel para que merezca siempre tu asistencia y me des la salvación.

Padre, Creador y Redentor de la humanidad, has querido que tu Palabra se hiciese Hombre, nacido de la Virgen María. Haz que yo participe de la divinidad de Cristo, quien se humilló a Sí mismo hasta hacerse verdadero hombre. Renuévame con la próxima fiesta del nacimiento de tu Hijo. Que yo celebre con verdadera fe y amor el misterio de Dios hecho hombre. Como ahora, al celebrar el nacimiento de tu Hijo, pueda yo regocijarme con el don de la vida eterna, cuando El venga en su gloria. Que pueda yo participar más de su plenitud, porque es Dios que vive y reina contigo en la unidad del Espíritu Santo por los siglos de los siglos. Amén.

Por la llegada de Cristo

JESUS, Señor nuestro, ven a librarme de pecado. Ven, protégeme de todo peligro y llévame a la salvación.

¡Ven! Sabiduría del Dios Altísimo, que diriges la creación con poder y amor. Guíame por sendas de tu conocimiento.

¡Ven! Tú que guiaste a Israel en tiempos pasados y diste a Moisés la Ley en el Sinaí. Con tu inmenso poder socórreme.

¡Ven! Flor del tronco de Jesé, signo del amor de Dios para todo su pueblo. No tardes y ven a salvarme.

¡Ven! Llave de David, que abres las puertas del Reino eterno. Saca de las tinieblas a los encarcelados.

¡Ven! Emmanuel, Dios con nosotros, nuestro Rey y nuestro Juez. Sálvanos, Señor Dios nuestro.

¡Ven! Rey de todas las naciones, fuente de unidad y fe de tu Iglesia. Sálva a toda la humanidad, tu propia creación.

¡Ven! Radiante Aurora, esplendor de la luz eterna, sol de justicia. Brilla sobre quienes están perdidos en tinieblas de muerte.

¡Ven! Señor Jesús, no tardes. Reanima a tu pueblo, que confía en tu amor. Con tu venida levántanos al gozo de tu Reino, donde vives con el Padre y Espíritu Santo, único Dios por los siglos de los siglos. Amén.

2. DIOS PADRE

MEDITACION

ANTES de la creación y caída de los ángeles; antes de crear todas las cosas; antes de iniciarse la historia y el tiempo, el Verbo de Dios que no fue creado ni tiene principio, vivía con el Padre en el Amor del Espíritu Santo.

San Juan nos dice lo que era antes de la Encarnación. "A Dios nadie lo ha visto jamás, el Hijo Unico, que está en el seno del Padre, es el que lo dio a conocer" (Jn 1, 18). Conoció Juan la sublime doctrina sobre el Verbo de Dios por las enseñanzas de Cristo, o por inspiración, o por ambos medios, pues dijo Jesús: "Ya no les diré servidores, porque un servidor no sabe lo que hace su patrón. Les digo amigos, porque les he dado a conocer todo lo que aprendí de mi Padre" (Jn 15, 15).

Creemos que el Hijo ha nacido del Padre. Y es enseñanza común que esta generación ocurre por vía del entendimiento de Dios. "Y frente a Dios era el Verbo, y el Verbo era Dios" (Jn 1, 1).

El Padre engendra al Verbo porque El comunica al Verbo no sólo una naturaleza semejante, sino idéntica, a la suya propia. La Biblia llama Hijo al Verbo.

El Hijo mora siempre en el seno del Padre que Le engendra. Mora allí por unidad de naturaleza y por el amor que se entregan mutuamente. De este amor, como de único principio, procede el Espíritu Santo, Amor sustancial de Padre y del Hijo. Las tres Personas tienen la misma naturaleza divina.

En varias ocasiones se manifiesta la voz del Padre, presentando a Jesús, su Hijo, que se hizo Hombre por nuestra salvación. Se abrieron los cielos y Juan Bautista vió descender el Espíritu de Dios como una paloma revoloteando sobre Jesús, mientras se oía decir: "Este es mi Hijo, el Amado; éste es mi Elegido" (Mt 3, 17).

En la Transfiguración, se oía una voz que salía de la nube: "Este es mi Hijo, el Amado; este es mi Elegido; a El han de escuchar" (Mt 17, 5).

El Padre celestial nos muestra el camino para llegar hasta el estado glorioso que nos espera, donde está Jesús, nuestra Cabeza, cuyos miembros somos. Dijo el Padre: "A El le han de escuchar" (Mt 17, 5). Escuchar a Jesús significa aceptar todo lo que El nos dice. Nuestra fe ha de traducirse en obras dignas del verdadero discípulo de Jesús conforme al espíritu del Evangelio. Entonces el Padre nos mira con agrado, como a hijos suyos queridos.

Imitando a Jesús debemos amar de todo corazón al Padre celestial y permanecer unidos a El por la oración. Dios debe ser no sólo el principio sino también el fin de nuestras obras. El Padre celestial se complació en Jesús porque todos sus actos, aunque en sí mismos actos humanos, fueron divinos en sus principios y expresión de las virtudes más sublimes.

Pidamos a Jesús, el Verbo de Dios, que nos muestre al Padre: sus perfecciones, su grandeza, sus derechos, su voluntad, para que Le amemos y El nos ame. Así podemos imitar al Hijo Unico de Dios, honrando a nuestro Padre celestial.

LA PALABRA DE DIOS

"Pero llega la hora, y ya estamos en ella, en que los verdaderos adoradores adorarán al Padre en Espíritu y en verdad. Son esos adoradores a los que busca el Padre. Dios es espíritu; por tanto, los que lo adoran deben adorarlo en Espíritu y en verdad."

— Jn 4, 23-24

"El Padre de ustedes sabe que necesitan todo eso. Por lo tanto, busquen primero el Reino y la Justicia de Dios, y esas cosas vendrán por añadidura." *— Mt 6, 32-33*

"Ustedes, pues, oren de esta forma: Padre nuestro, Padre de los Cielos, santificado sea tu Nombre, venga tu Reino, hágase tu voluntad: en la tierra como en Cielo." *— Mt 6, 9-10*

ORACIONES

Oración propia de la Novena

DIOS, mi Padre celestial, te adoro y me reconozco nada ante tu divina majestad. Tú solo eres el ser, la vida, la verdad y la bondad. Desvalido e indigno, como soy, te doy honra, alabanza, gracias y amor en unión con Jesucristo, tu Hijo, nuestro Salvador y Hermano, por la misericordia y bondad de su Sagrado Corazón y por sus infinitos méritos.

Deseo servirte, complacerte, obedecerte y amarte siempre en unión con María Inmaculada, Madre de Dios y Madre nuestra. Deseo también amar y servir al prójimo por amor a Ti.

Padre celestial, te doy gracias por hacerme hijo tuyo en el Bautismo. Con filial confianza te pido esta gracia en particular *(Mencione el favor que desea).*

Que se haga según tu voluntad. Dame lo que Tú sabes es mejor para mi alma y para las almas de todas las personas que te encomiendo.

Dame tu Espíritu Santo, que me ilumine, me corrija y me guíe por el camino de tus mandamientos y santidad, mientras lucho por la felicidad del Cielo, donde espero glorificarte por siempre. Amén.

Ofrecimiento

PADRE eterno, te ofrezco el sacrificio en que Jesucristo, tu Hijo, se ofreció a Sí mismo en la Cruz y que ahora El renueva en el altar:

— para *adorarte* y devolverte el *honor* que te es debido, reconociendo tu supremo dominio sobre todas las cosas y su completa dependencia de Ti, pues Tú eres nuestro origen y nuestro destino;

— para *darte gracias* por los innumerables beneficios recibidos;

— para *aplacar* tu justicia, enojada por tantos pecados, ofreciéndote por ellos *reparación* digna. Y finalmente

— para *implorar tu gracia y misericordia* por mí mismo, por todos los que sufren y se hallan atribulados, por los pecadores, por el mundo entero y por las benditas almas del Purgatorio.

Por la Santa Iglesia

PADRE celestial, en unión con tu Hijo enviaste el Espíritu Santo a tu Iglesia y a sus hijos. Continúas enviándole para obrar en nosotros las maravillas de tu amor divino. Por él, ilumina y fortalece a nuestro Santo Padre el Papa, a los Obispos y a los sacerdotes de tu Iglesia. Continúa aumentando la santidad en los diferentes estados de vida y en cada alma dentro de la Iglesia; que ésta, Esposa inmaculada de Cristo, triunfe de todos sus enemigos. Por el mismo Cristo nuestro Señor. Amén.

Oración universal

DIOS, Padre celestial, yo creo en Ti: aumenta mi fe. En Ti confío, acrecienta mi esperanza. Te amo: que yo te ame más y más. Estoy arrepentido de mis pecados; que ahonde mi pesar por ellos.

Te adoro, porque Tú eres el principio de mi vida; te amo por haberme encaminado hacia Ti. Te alabo por ser mi constante ayuda; te invoco por ser mi amable protector.

Guíame con tu sabiduría; corrígeme con tu justicia; aliéntame con tu misericordia y fortaléceme con tu poder.

Te ofrezco mis pensamientos, Señor, siempre fijos en Ti; mis palabras, que solo hablen de Ti; mis actos, que reflejen mi amor por Ti; mis sufrimientos, que padezco para darte mayor gloria.

Quiero hacer lo que me pidas: como gustes, por el término que quieras porque Tú lo dispones.

Padre celestial, ilumina mi entendimiento, fortalece mi voluntad, purifica mi corazón, santifícame.

Haz que me arrepienta de los pecados cometidos, que venza la tentación en el futuro, que triunfe de mis debilidades humanas y me fortalezca como cristiano.

Que yo te ame, mi Señor y mi Dios, y me reconozca lo que realmente soy: un peregrino en este mundo, un cristiano llamado a respetar y amar a toda persona con quien viva, a mis superiores, a mis inferiores, y a mis amigos.

Ayúdame a dominar la ira con amabilidad, la avaricia con generosidad, la apatía con fervor. Que me olvide de mí mismo por servir a los demás.

Hazme prudente en mis proyectos, valiente en el peligro, paciente en los sufrimientos y humilde en la prosperidad.

Mantenme, Padre, atento en la oración, moderado en el comer y beber, diligente en mi trabajo y perseverante en mis buenas intenciones.

Deja que mi conciencia esté limpia; mi conducta irreprochable; mi conversación sin falta; mi vida bien ordenada.

Hazme consciente de mis propias debilidades; que acoja complacido el amor que tú me tienes, observe tus mandamientos y alcance por fin tu salvación.

Que me convenza de que el mundo se acaba, que mi verdadero futuro consiste en la felicidad del Cielo, que la vida presente pasa veloz mientras que la vida futura es eterna.

Que yo me prepare para la muerte con el debido temor del juicio y con mayor confianza en tu bondad. Que mi paso por la muerte sea entrada segura al gozo celestial que no termina.

Concédemelo por Cristo nuestro Señor. Amén.

Oración final

DIOS, Padre celestial, en nombre de Jesucristo crucificado, tu amado Hijo, te pido perdón de todos mis pecados, de mis negligencias y de todas las faltas de mi vida pasada.

Dios Padre celestial, en nombre de Jesucristo crucificado, tu divino Hijo, te pido me concedas la gracia de servirte en esta vida conforme a tu santa voluntad.

Dios, Padre celestial, en nombre de Jesús de Nazaret, tu único Hijo, confío tengas misericordia en la hora de mi muerte y acojas mi alma. Por el mismo Jesucristo nuestro Señor. Amén.

(S. Francisco de Asís)

Dios Hijo

—TIEMPO DE NAVIDAD—

3. NOVENA DEL NACIMIENTO

MEDITACION

DEBEMOS honrar el misterio de nuestra salvación durante el tiempo de Navidad como un acontecimiento de hace dos mil años, ciertamente. Pero más que nada como una realidad presente. El hecho mismo del nacimiento de Cristo y su manifestación pertenecen al pasado, pero sus efectos siguen siendo presentes. La realidad oculta en este misterio es Cristo y su acción salvífica. Está presente en el misterio de Navidad y Epifanía, intercediendo constantemente por nosotros y dándose a sí mismo a través de símbolos sagrados.

Después del Adviento, que es tiempo de esperar, disfrutamos de una mayor presencia de Cristo entre nosotros. Debemos meditar en el misterio de Navidad y celebrarlo como si tuviese lugar ahora entre nosotros, con el corazón abierto para acoger sus efectos espirituales. En el Verbo hecho carne vemos que Dios ha tomado nuestra condición humana. Al ver al Niño nacido en un establo, de personas simples y trabajadoras, entendemos que Dios, siendo infinitamente grande, es también como cualquiera de nosotros.

Celebramos en Navidad el don que el Padre nos hace: la revelación de su amable presencia. Por medio de Israel y los profetas, el Padre nos había ido dando este conocimiento, que llegó a plenitud por medio de Jesucristo, su Hijo. Debe manifestarse ahora por nosotros, donde Cristo sigue viviendo.

Navidad no se reduce a mera conmemoración del nacimiento de nuestro Señor;

es la celebración del gran misterio "Emmanuel" (Dios con nosotros). Dios quiere participar de nuestra condición humana. En Navidad los cristianos celebran el amanecer de la luz de Dios que resplandece sobre el hombre y se difunde por el valle de lágrimas.

Las cuatro misas del tiempo de Navidad: Sagrada Familia, la Solemnidad de María Madre del Dios, la Epifanía (Manifestación) del Señor, y su Bautismo, nos enseñan cómo Dios se nos reveló a Sí mismo en Jesús, el Señor, en quien El es realmente "Emmanuel", Dios con nosotros. En Jesús, nuestro Dios se hace visible para que viéndole se eleve nuestro amor a Dios, que es invisible.

LA PALABRA DE DIOS

"Cuando un silencio apacible envolvía todas las cosas y la noche llegaba en mitad de su carrera, tu Palabra omnipotente bajó del trono real, como guerrero implacable, cayó en medio de ese país condenado a la destrucción." — *Sab 18, 14-15*

"El, siendo de condición divina; no reivindicó en los hechos la igualdad con Dios, sino que se despojó, tomando la condición de servidor, y llegó a ser semejante a los hombres." — *Fil 2, 6-7*

"Cuando estaban en Belén, le llegó el día en que debía tener su hijo. Y dio a luz a su primogénito, lo envolvió en pañales y lo acostó en una pesebrera, porque no había lugar para ellos en la sala común." — *Lc 2, 6-7*

ORACIONES

Oración propia de la Novena

PADRE celestial, Tú hiciste que resplandeciese la Nochebuena con Jesucristo nuestra luz. Yo le recibo como Señor, la verdadera luz del mundo. Llévame al gozo de su Reino celestial.

Nos inunda la nueva luz con la venida de tu Palabra entre nosotros. Que la luz de la fe brille a través de mis palabras y acciones.

Señor, Dios, te alabo por haber creado al hombre y más aún porque Cristo le ha redimido. Tu Hijo se ha dignado participar de nuestra debilidad: que yo participe de su gloria. Hazme fiel a su palabra que comunique a otros su luz. Me hizo hijo tuyo. Quiera recibirme en su Reino.

Dios de poder y de vida, gloria de cuantos creen en Ti, llegue tu resplandor a todo el mundo y muestra a todas las naciones la luz de tu verdad. Que la pura belleza del nacimiento de Jesús nos invite siempre a más hondo amor humano y a ver tu Verbo hecho carne reflejado en las personas con quienes convivimos.

Padre, en la maravilla de la Encarnación, tu Verbo eterno ha iluminado los ojos de la fe con la nueva y radiante visión de tu gloria. En El te vemos a Ti, Dios nuestro, hecho visible, y de este modo somos atraídos por el amor de Dios a quien no vemos.

En Navidad, Tú llenas de gozo nuestros corazones al reconocer en Cristo la revelación de tu amor. A nadie es posible ver a Dios en su gloria, pero ahora se deja ver como uno de nosotros. Cristo es tu Hijo antes de todos los siglos, pero ahora nace en el tiempo. Ha venido a levantar todas las cosas hacia Sí, a restaurar la unidad de la creación y a guiar la humanidad desde el destierro hasta el Reino de los cielos.

En Navidad, con Jesús amanece una luz nueva sobre el mundo: Dios ha venido a ser uno con el hombre y el hombre se une de nuevo con Dios. Tu Verbo eterno ha cargado sobre Sí nuestras debilidades, revistiendo de inmortalidad nuestra naturaleza mortal. Tan maravillosa es esta unión entre Ti, Dios nuestro y el hombre, que en Cristo hecho Hombre restableces en el hombre el don de la vida eterna.

Por amor de Jesús, tu Hijo, hecho Hombre por nosotros, te suplico concedas abundantes gracias durante este gozoso tiempo de Navidad. Te pido esta gracia en particular *(Mencione el favor que desea).*

Para honra del nacimiento de Jesús, concédeme lo que te pido, si es conforme a tu divina voluntad.

Oración a nuestro recién nacido Salvador

DIVINO Niño Jesús, con María y José me pongo de rodillas

en devota adoración mientras te contemplo acostado en el pesebre. Quisiste hacer tu entrada en el mundo como Niño, para demostrar que eres hombre verdadero. Por tu llanto, necesidad de descanso y alimento, haces ver que tienes verdadera naturaleza humana. Te haces hombre para que yo pueda verte, oirte, imitarte y unirme a Ti.

Aunque eres Dios, ahora puedes sufrir por ser hombre, reparas nuestros pecados, mereces gracias para nuestras almas. Por la carne, el hombre se aleja de Dios. Y Tú, Dios nuestro, haciéndote carne nos salvas.

Pero también te haces Hombre para que el hombre pueda hacerse Dios. A cambio de la humanidad que tomas de nosotros, nos ofreces hacernos partícipes de la divinidad por la gracia santificante, para enriquecernos plenamente de Ti.

Que el misterio de tu nacimiento me obtenga la gracia de nacer de nuevo y vivir una vida divina, más libre de pecado y del demasiado apego a mí mismo y a las criaturas. Una vida solo para Dios.

Como fue el gozo de María formarte en su propio cuerpo, sea su gozo ahora formarte en mi alma para que yo sea más semejante a Ti.

Jesús, creo que la mayor prueba de la bondad de Dios y su amor por nosotros consiste en habernos hecho el regalo de su Unico Hijo, el Amado. Todo amor tiende a transformarse en lo que ama. Tú amaste al hombre; por eso, te hiciste hombre. El amor y bondad infinitos hicieron que Tú, la Segunda Persona de la Santísima Trinidad, dejaras el Reino de la felicidad eterna y descendieras del trono de tu majestad, poder y gloria, haciéndote Niño impotente, sufriendo y muriendo por nosotros para que nosotros tuviésemos vida.

En tu pesebre veo el amor más maravilloso que jamás haya existido: el amor de Dios humillándose a Sí mismo tanto que se rebajó a mendigar el amor de nuestros corazones. Concédeme, en cambio, la gracia de amarte con amor profundo, verdadero y personal. Pongo mi corazón, mente y voluntad a tu disposición amable, para que mi vida sea la tuya, y Tú vengas a ser mi íntimo compañero de cada día, mi fortaleza, mi amigo.

Que yo anhele con frecuencia acercarme más a Ti en el Sacramento de Amor. La Iglesia será mi

Belén; en el altar, el pesebre; las sagradas especies del pan y del vino, los pañales que te envuelven. Así pueda yo reconocerte como mi Dios, como lo hicieron María, José y los pastores. Te acoja yo en mis brazos, sí, incluso te reciba dentro de mi corazón. Gracia que hasta los ángeles me envidiarían.

Jesús, desde el pesebre enseñas al mundo la verdadera dignidad y humildad. La pobreza, el sufrimiento y humillación están junto a tu cruz y a tu pesebre. Haberte hecho Niño por nuestro amor es el mayor acto de humildad que jamás se ha visto en el mundo. No cabes en los cielos y la tierra, pues eres el Creador del universo y Rey de la gloria; pero te humillas hasta el punto de necesitar ayuda humana. El infinito Señor de todas las cosas se hace siervo; el Todopoderoso impotente criatura, y mortal el que es Inmortal. Tu amor divino escogió esta manera de levantar la humanidad caída hasta recobrar su dignidad primera, pues nada lleva tan fácilmente a Dios el corazón de las gentes como el hecho de haberte rebajado hasta su nivel.

A mí y a toda la humanidad atráenos con el ejemplo de tu amable humildad. Enséñame que mi verdadera gloria consiste en humillarme, como dices tú: "Les aseguro que si no cambian y vuelven a ser como niños, no podrán entrar al Reino de los Cielos" (Mt 18, 3).

Oración a Jesús, Dios hecho Hombre

JESUS, Hijo de la gloriosa Virgen María y el Hijo Unico del Dios que vive, te adoro y reconozco como mi Dios, el Unico Dios verdadero, uno e infinitamente perfecto. Tú has hecho de la nada cuanto hay fuera de Ti; lo preservas y gobiernas con infinita sabiduría, soberana bondad y supremo poder.

Por los misterios llevados a la perfección en tu Sagrada Humanidad, te suplico que con tu Sangre me purifiques de todos mis pecados pasados. Derrama abundantemente sobre mí tu Espíritu Santo, junto con su gracia, sus virtudes y sus dones. Que yo crea más en Ti, en Ti espere, te ame en cada uno de mis actos. Tú mismo Te darás a mí algún día en el esplendor de tu gloria, con la Santísima Madre, San José y todos los Santos.

4. EL NIÑO JESÚS

MEDITACION

LA devoción al Niño Jesús nos hace honrar la infancia de Cristo. Es voluntad de Dios que veneremos los misterios de la vida de nuestro Señor de modo que aprendamos a imitar sus virtudes y aprovechemos para nuestra santificación las gracias que contiene cada misterio.

Por tanto, la devoción al Niño Jesús es fuente de muchas gracias y bendiciones. Es muy del agrado de Jesús que recordemos su amor infinito al aparecer entre nosotros como Niño para salvar nuestras almas ganando nuestro amor y confianza.

A un niño todo el mundo le ama. De un niño se consigue lo que se quiera.

La veneración de la Infancia de Jesús está íntimamente relacionada con la devoción popular al Niño Jesús de Praga. Es amar al Hijo de Dios que vino a nosotros como Niño.

En el siglo XVII una princesa española llevó a Bohemia la milagrosa imagen del Niño Jesús y la obsequió a un convento de Carmelitas. Por muchos años permaneció la imagen en un altar lateral de la iglesia de Nuestra Señora de la Victoria, en Praga.

La imagen original, de cera, tiene unos cuarenta y ocho centímetros de altura y viste manto real. Una corona de joyas sobre su cabeza. La mano derecha se levanta para bendecir y la izquierda sostiene un globo, símbolo de su realeza.

Es conocida la imagen original como el "Milagroso Niño Jesús de Praga" por las muchísimas gracias que han recibido quienes invocan al Niño. En último años se ha extendido por todo el mundo la devoción al Niño Milagroso.

Nuestro Señor Jesucristo nos dijo: “Si no cambian y vuelven a ser como niños, no podrán entrar en el Reino de los Cielos” (Mt 18, 3). El nos enseñó con su palabra y sobre todo nos dió el ejemplo de su vida. Vino a nosotros como Niño impotente para ganarse nuestro amor. Niñito, seguía siendo nuestro Dios y ahora por derecho Rey del universo, que había creado y vino a recrear.

La devoción a Nuestro Salvador, el Niño Dios, honra el gran misterio de su Encarnación. Reconocemos su Divinidad y Humanidad y nos recocijamos en su gran amor que le llevó hasta dar la vida por nosotros.

LA PALABRA DE DIOS

“[Los pastores] hallaron a María, a José y al recién nacido acostado en la pesebrera.

Entonces contaron lo que los ángeles les habían dicho de este niño." —*Lc 2, 16-17*

"Porque un niño nos ha nacido, un hijo se nos ha dado; se le pone en el hombro el distintivo del rey y proclaman su nombre: 'Este es el Consejero admirable, el Héroe divino, el Padre que no muere, el Príncipe de la Paz.' "

—*Is 9, 5*

"Tanto amó Dios al mundo que entregó su Hijo Unico, para que todo el que crea en él no se pierda sino que tenga vida eterna."

—*Jn 3, 16*

ORACIONES

Oración propia de la Novena

DIVINO Niño Jesús, me presento ante Ti acompañado de tu Santa Madre. Te suplico me socorras en esta necesidad, pues creo firmemente que como Dios, puedes ayudarme. Espero confiadamente me concedas tu santa gracia. Te amo con todo mi corazón y con toda mi alma. Estoy profundamente arrepentido de mis pecados y te pido, bondadosísimo Jesús, me des fuerza para superarlos.

Propongo nunca más pecar y estoy dispuesto a cualquier sufrimiento antes que ofenderte. Por eso, quiero servirte fielmente. Por amor a Ti, Divino Niño, amaré al prójimo como a mi mismo.

Jesús, Niño Poderoso, una vez más te pido que me ayudes *(Mencione el favor que desea).*

Niño Divino, Dios omnipotente, te suplico por medio de la poderosa intercesión de tu Madre Santísima, y por la misericordia infinita de tu omnipotencia como Dios, que respondas favorablemente a la súplica de esta novena.

Concédeme la gracia de poseerte eternamente con María y José, adorarte en compañía de los ángeles y santos. Amén.

Oración al Milagroso Niño Jesús de Praga

AMABILISIMO Jesús, Divino Niño de Praga. ¡Con cuánta tenura nos amas! Te agrada sobre todo vivir entre nosotros y darnos tu bendición. Aunque no merezco tu ayuda, me siento atraído por tu amor, porque eres bueno y misericordioso y me proteges con tu inmenso poder.

Cuantos han acudido a Ti confiadamente han hallado gracia y obtenido lo que pedían. Mírame en tu presencia al venir ante Ti abriéndote mi corazón con sus oraciones y esperanzas. Te encomiendo en particular esta petición, que pongo en tu propio Corazón *(Mencione el favor que desea)*.

Mándame, querido Niño Jesús, dispón de mí y de mis cosas según tu santa voluntad, pues reconozco que con tu divina sabiduría y amor todo lo dispones para mayor bien. No me abandones, antes bien protégeme y bendíceme siempre.

Te pido a Ti, todopoderoso y amable Niño Jesús, que por tu sagrada Infancia, por la intercesión de tu Madre, la Santísima Virgen María, que te cuidó con tanta ternura, y por la amable reverencia con que San José te llevó en sus brazos, me ayudes en mis necesidades. Hazme realmente feliz contigo, amadísimo Niño Jesús, ahora en el tiempo y luego en la eternidad. Siempre te lo agradeceré de corazón.

Oración

DIOS todopoderoso y eterno, Señor de cielos y tierra, que te has manifestado a los humildes, te suplico nos concedas a cuantos veneramos reverentemente los sagrados misterios de tu Hijo, el Niño Jesús, e imitamos su ejemplo, podamos entrar en el Reino de Dios, que Tú has prometido a los pequeñuelos. Por el mismo Cristo Nuestro Señor. Amén.

Letanía del Niño Jesús

(Como devoción privada)

SEÑOR, ten piedad.

Cristo, ten piedad.

Jesús, óyenos.

Jesús, escúchanos.

Dios, Padre celestial, *ten piedad de nosotros.*

Dios, Hijo, Redentor del mundo,*

Dios, Espíritu Santo,

Trinidad Santísima, en un Dios,

Divino Niño, Jesucristo,

Divino Niño, Hijo de Dios vivo,

* *Ten piedad de nosotros* se repite después de cada invocación.

Divino Niño, Hijo de la Virgen María,
Divino Niño, sostén de nuestra flaqueza,
Divino Niño, poderoso en la ternura,
Divino Niño, tesoro de gracia,
Divino Niño, fuente de amor,
Divino Niño, renovador de los cielos,
Divino Niño, reparador del mal en el mundo,
Divino Niño, cabeza de los ángeles,
Divino Niño, raíz de los patriarcas,
Divino Niño, palabra de los profetas,
Divino Niño, deseo de los gentiles,
Divino Niño, gozo de los pastores,
Divino Niño, estrella de los Magos,
Divino Niño, salvación de los pequeñitos,
Divino Niño, esperanza de los justos,
Divino Niño, maestro de los sabios,
Divino Niño, primicia de los santos,
Ten compasión, *perdónanos, Divino Niño.*
Ten compasión, *escúchanos, Divino Niño.*
De la esclavitud de los hijos de Adán, *líbranos, Divino Niño.*
De la esclavitud del demonio,**
De los malos deseos de la carne,
De la malicia del mundo,
Del orgullo de la vida,
Del desordenado deseo de saber,
De la ceguera espiritual,
De una mala voluntad,

***Líbranos, Divino Niño* se repite después de cada invocación.

De nuestros pecados,
Por tu concepción purísima,
Por tu Nacimiento humildísimo,
Por tus lágrimas,
Por tu circuncisión dolorosísima,
Por tu Epifanía gloriosísima,
Por tu Presentación piadosísima,
Por tu vida divinísima,
Por tu pobreza,
Por tus muchos sufrimientos,
Por tus trabajos y andanzas,

Cordero de Dios, que quitas los pecados del mundo, *perdónanos, Divino Niño.*
Cordero de Dios, que quitas los pecados del mundo, *escúchanos, Divino Niño.*
Cordero de Dios, que quitas los pecados del mundo, *ten piedad de nosotros, Divino Niño.*
℣. Jesús, Niño, óyenos.
℟. *Jesús, Niño, escúchanos.*

OREMOS. Señor Jesucristo, te has complacido en humillarte por la encarnación de tu Divinidad en la Humanidad Sacratísima, hasta nacer en el tiempo y hacerte pequeñito. Danos la gracia de reconocer la sabiduría infinita en el silencio del Niño, poder en la debilidad y la majestad en la humillación. Adorando tus humillaciones en el mundo, podamos contemplar tus glorias en el Cielo, donde vives y reinas con el Padre y el Espíritu Santo por los siglos de los siglos. ℟. *Amén.*

—TIEMPO DE CUARESMA—

5. NOVENA CUARESMAL

MEDITACION

CONFORME a la tradición bíblica, Moisés permaneció en el Monte Sinaí cuarenta días para recibir la Ley de la Alianza. Nuestro Señor ayunó durante cuarenta días en el desierto antes de empezar su misión. Los cristianos se preparan por espacio de cuarenta días a celebrar los Misterios pascuales de la Muerte y Resurrección del Señor.

La penitencia forma parte de la concepción cristiana de la vida. Está relacionada con el pecado y la conversión. Aversión al mal, dentro y fuera de nosotros, y lo que es más importante, una conversión generosa al amor de Dios.

Los medios para llevar a cabo la conversión interior son la práctica de la oración, obras de caridad, actos de abnegación personal, y sobre todo asistir diariamente a la Misa, recuerdo y renovación a la vez del sacrificio de Cristo en el Calvario. Nuestras mortificaciones deben hacer referencia a la conversión interior a Dios.

Jesús vino a este mundo para hacernos partícipes de su vida divina. Conforme a esto, hemos de examinar y ordenar nuestras preferencias en la vida. La misión de Jesús consiste en dignificar a toda persona y guiarnos fraternalmente hasta el Padre. En todo buscó cumplir la voluntad del Padre.

La Cuaresma es tiempo para instruirse y escuchar religiosamente. La fe se recibe por el oído, pero requiere lectura y estudio. Es tiempo de escuchar. Las Lecturas cuaresmales son ricas fuentes de fe, conversión y vuelta a Dios, que ya está esperándonos con amor. La Palabra de Dios ha de ser el criterio para juzgar y evaluar nuestras vidas.

Pero esta será fructífera solamente con la gracia de Dios que recibimos por los Sacramentos y oración, especialmente por el Sacrificio de la Misa. Meditar en la Pasión de Cristo es uno de los mejores medios para demostrar nuestra gratitud al Señor por su Pasión y Muerte en favor nuestro. No ha pasado de moda la práctica del Viacrucis. Haciendo esta novena al menos una vez en la Cuaresma resultará gran provecho para nuestra vida de oración.

LA PALABRA DE DIOS

"Les suplicamos que no hagan inútil la gracia de Dios que han recibido. Dice la Escritura: 'En el momento fijado te escuché, en el día de la salvación te ayudé'. Este es el momento favorable, éste es el día de salvación." *— 2 Co 6, 1-2*

"¿No saben cuál es el ayuno que me agrada? Romper las cadenas injustas, desatar las amarras del yugo, dejar libres a los oprimidos y romper toda clase de yugo. Compartirás tu pan con el hambriento, los pobres sin techo entrarán a tu casa, vestirás al que veas desnudo y no volverás la espalda a tu hermano." — *Is 58, 6-7*

"Mira que estoy a la puerta y llamo; si alguien escucha mi voz y me abre entraré a su casa a comer. Yo con él y él conmigo. Al vencedor le concederé que se siente junto a mí en mi trono." — *Ap 3,19-20*

ORACIONES

Oración propia de la Novena

PADRE, Dios todopoderoso y eterno, durante el santo tiempo de Cuaresma Tú nos invitas a mayor unión contigo. Prepárame para celebrar el Misterio pascual renovando mi mente y corazón. Concédeme espíritu de amable reverencia por Ti, Padre, y de servir voluntariamente al prójimo. Al recordar los grandes acontecimientos que nos dieron vida nueva en Cristo, lleva a perfección en mi alma la imagen de tu Hijo.

Este tiempo especial de gracia es don que renueva espiritualmente tu familia. Fortalece y purifica mi corazón, refrena mis deseos para que yo te sirva con libertad. Enséñame a vivir en este mundo fugaz con el corazón puesto en la patria que nunca termina.

Te pido la gracia de dominar mi maldad y afán de suficiencia. Quiero compartir lo bueno que Tú eres conmigo y seré bueno con todos.

Durante la Cuaresma ayúdame a corregir mis faltas, a elevar mi espíritu y crecer en santidad para merecer tu recompensa eterna.

Por tu bondad, concédeme esta gracia particular *(Mencione el favor que desea).*

Se aproximan los días de la Muerte salvadora y Resurrección gloriosa de Jesucristo, tu Hijo. Hora en que la soberbia de Satanás quedó vencida, tiempo en que celebramos el gran acontecimiento de nuestra Redención. La Pasión y Muerte de tu Hijo dio vida al mundo entero, haciendo brotar de nuestros corazones alabanza a tu gloria.

El poder de la Cruz revela tu justicia y la realeza de Cristo crucificado. Padre, por el amor que El nos tiene, por su Pasión, Muerte y Resurrección, alcance yo la vida eterna contigo en el Cielo. Amén.

Por la renovación espiritual

DIOS, Padre celestial, mírame y escucha la oración que te dirijo en este santo Tiempo de Cuaresma. Por las buenas obras que inspiras, ayúdame a mortificar mi cuerpo y renovarme en el espíritu.

Sin Ti nada puedo. Por tu Espíritu dame a conocer lo que es bueno y vivos deseos de cumplir tu voluntad. Enséñame a encontrar nueva vida por la penitencia. Líbrame del pecado y ayúdame a vivir conforme a tu mandato de amor.

Tú eres Amor, oh Dios, haz que yo vuelva a Ti. Envía tu Espíritu Santo que me haga fuerte en la fe y fecundo en buenas obras. Que mis actos de penitencia obtengan tu perdón, abran mi corazón a tu amor y me preparen a las próximas fiestas de la Resurrección de Jesucristo.

Señor, durante el tiempo de Cuaresma aliméntame con tu

palabra de vida y concédeme vivir unido a Ti por el amor y la oración.

Llena mi corazón con tu amor y mantenme fiel al Evangelio de Cristo. Concédeme la gracia de superar mi debilidad humana. Dame vida nueva por tus Sacramentos, particularmente la Santa Misa.

Padre, nuestra fuente de vida, extiendo gozoso mi mano para estrechar la tuya; concédeme andar de prisa por tus sendas. Guíame con tu amable misericordia, pues por mí solo no puedo cumplir tu voluntad.

Padre amadísimo, fuente de toda bendición, ayúdame a pasar de mi antigua vida de pecado a la nueva vida de gracia. Prepárame para la gloria de tu Reino.

Te lo suplico por nuestro Señor Jesucristo, tu Hijo, que vive y reina contigo y el Espíritu Santo, Dios, por los siglos de los siglos. Amén.

Oración

DIOS todopoderoso y eterno, Tú has dado a Jesucristo nuestro Salvador como ejemplo de humildad para todos los hombres. Cumplió tu voluntad haciéndose Hombre y entregando su vida en la Cruz. Ayúdanos a ser testigos siguiendo el camino de sus sufrimientos y que seamos dignos de participar de su Resurrección. Te lo suplicamos por nuestro Señor Jesucristo, tu Hijo. Amén.

El Vía Crucis

Primera estación
Jesús condenado a muerte

CONSIDERA la humildad admirable con que Jesús, siendo la misma inocencia, acepta sentencia tan injusta. Recuerda que tus pecados han sido la causa de su condenación.

Amabilísimo Jesús, por una criatura tan indigna como soy yo Tú has tenido tanto que sufrir que llegaste a ser condenado a la muerte más vergonzosa.

Esto basta, ciertamente, para conmover mi corazón y hacerme detestar los pecados. Me arrepiento y me pesará siempre amargamente de haberlos cometido.

Segunda estación
Jesús con la Cruz a cuestas

MIRA con cuánto amor Jesús abraza la Cruz. Con cuánta paciencia sobrelleva el maltrato de los verdugos y la ira de la gente. Tú, impacientemente retrocedes ante el menor sufrimiento. Sin la Cruz nadie entrará en el Cielo.

Jesús, esta Cruz debe ser para mí, no tuya, pues la prepararon mis pecados. Amabilísimo Salvador, dame fuerza para abrazar todas las cruces que puedan merecer mis pecados. Concédeme morir abrazando tu Santa Cruz.

Tercera estación
Jesús cae por primera vez

JESUS, debilitado por el continuo derramamiento de su Sangre, cae al suelo por primera vez. Mira cómo los verdugos brutales le dan de puñetazos, patadas, latigazos. Pero nuestro Señor, pacientísimo, no despliega sus labios; todo lo sufre en silencio. Tú, en cambio, te quejas ante el menor contratiempo.

Cuarta estación
Jesús encuentra a su Madre

¡CUANTO dolor traspasó el Corazón de Jesús y cuánta pena hiere el Corazón de María en este encuentro! María, llena de aflicción, parece estarte diciendo: "No

cometas ya más pecados, causa de nuestras penas y dolores".

Madre Dolorosa, me tienes a tus pies, humilde y verdaderamente contrito. Yo soy el traidor; mis pecados fueron la espada de dolor que traspasó tu más tierno corazón. Me arrepiento de todos mis pecados; te pido perdón y misericordia. Dame tu gracia para no pecar más.

Quinta estación
Jesús ayudado por el Cirineo

IMAGINA que tú eres Simón Cirineo, quien, sin querer, tiene que llevar la Cruz. Alivia a tu Dios de tan enorme peso aceptando de buen grado las tribulaciones que te vienen de la mano de Dios.

Amadísimo Jesús, muchas son las ocasiones que me das de sufrir por Ti y de merecer recompensa eterna.

Dame la gracia de llevar con paciencia lo que parece mal en esta vida para que yo pueda acumular un tesoro de bienes eternos en el futuro.

Sexta estación
La Verónica limpia el rostro de Jesús

CONSIDERA la imagen doliente de Jesús, impresa en este lienzo y procura que, por tu amor, se torne gozosa en tu corazón. Serás feliz si vives con Jesús dentro de ti, y bienaventurado si mueres con El grabado en el corazón.

Mi Salvador, te suplico que hondamente grabes en mi alma la imagen de tu Santa Faz para que yo piense siempre en Ti y con tu dolorosísima Pasión ante mis ojos me arrepienta siempre de mis pecados, causa de tus sufrimientos.

Séptima estación
Jesús cae por segunda vez

MIRA a Jesús caído en el duro suelo, aplastado por los sufrimientos. Le pisotean sus enemigos y la multitud se burla de El. Acuérdate de que es tu soberbia y amor propio lo que le hizo caer. Sea sincero el arrepentimiento de tus pecados pasados y acepta humillarte en lo sucesivo.

Santísimo Redentor, aunque te veo caído, reconozco que eres Dios todopoderoso. Te pido gracia para echar de mí los pensamientos de orgullo y amor propio a fin de que yo puedo siempre abrazar los sufrimientos con humildad y entereza.

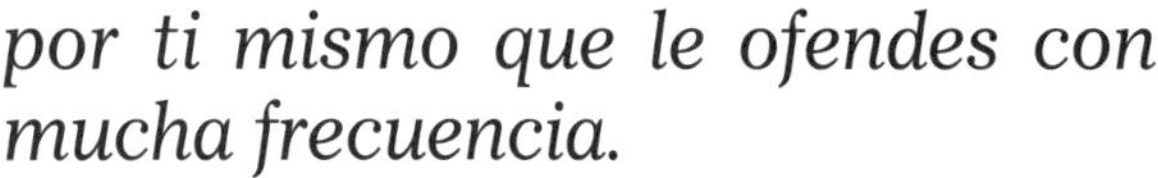

Octava estación
Jesús consuela a las mujeres de Jerusalén

TIENES doble motivo para llorar: por Jesús que sufre tanto por ti, y por ti mismo que le ofendes con mucha frecuencia.

Amadísimo Salvador, llena mi corazón de arrepentimiento profundo. Ayúdame a meditar con frecuencia en tus sufrimientos para que aprenda a amarte más.

Mírame con ojos de misericordia en la vida presente para que pueda contemplarte en paz en la hora de mi muerte.

Novena estación
Jesús cae por tercera vez

FIJATE con qué crueldad golpean los verdugos al Hijo de Dios. Mira cómo le hieren y arrastran por el suelo. ¡Qué horrible es el pecado que tanto ha maltratado al Hijo de Dios!

¡Dios mío! ¡Tú sostienes los cielos y la tierra y estás sin fuerzas para nada! Mis pecados te han hecho caer dolorosamente sobre el polvo. Aquí me tienes ahora contrito a tus pies, firmemente resuelto a no ofenderte nunca más.

Décima estación
Jesús despojado de sus vestiduras

JESUS cubierto de moretones y heridas es atormentado con amarga bebida de hiel. Paga así la intemperancia y sensualidad.

Jesús, Tú estás cubierto de sangre, heridas y amargura, mientras que yo disfruto de comodidades, placer y dulzura.

Te suplico, amadísimo Jesús, que me concedas cambiar de vida y recordar siempre los sufrimientos que ofreciste para rescatar mi alma.

Undécima estación
Jesús clavado en la Cruz

PIENSA en el terrible dolor que Jesús, nuestro Salvador, sufre cuando los clavos penetran y desgarran sus venas, huesos, nervios y carne. Tus pecados causaron este dolor.

¡Jesús, crucificado por mí! Hiere mi corazón con tu santo temor y amor.

Concédeme ahora crucificar todos mis malos deseos para que yo pueda conseguir la felicidad de vivir y morir crucificado contigo y así reinar gloriosamente junto a Ti en el Cielo.

Duodécima estación
Jesús muere en la Cruz

MIRA a tu amable Salvador colgado de la Cruz, sujeto con clavos. Oye cómo ruega por sus enemigos, promete la gloria al buen ladrón, confía su Madre al cuidado de Juan, en-

comienda su alma a manos del Padre y, por fin, inclinando la cabeza, muere. Jesús está muerto en la Cruz por ti.

Amadísimo Redentor, no merezco que me perdones, pues soy un cuitado que se unió a tus verdugos. Pero qué consuelo para mí oir que oras por los que te crucificaron.

¿Qué debo hacer por Ti, pues tanto hiciste por mí? Estoy dispuesto a aceptar lo que Tú quieras.

Concédeme oir que me dices en mis últimos momentos: "Hoy estarás conmigo en el Paraíso."

Decimotercera estación
Jesús es bajado de la Cruz

PIENSA en la espada de dolor que atravesó el corazón de nuestra ape-

nadísima Madre, al recibir el cuerpo muerto de su Hijo entre sus brazos. Pero fue el pecado la más aguda espada que acabó la vida del Hijo. Pide a Dios el más profundo arrepentimiento de tus pecados.

Reina de los mártires. ¿Cuándo seré yo digno de entender tus dolores y tenerlos siempre presentes?

Virgen Dolorosa, concédeme profunda contrición de mis pecados, pues te causaron tanto sufrimiento, para que, con amor y arrepentimiento, pueda yo morir perdonado por Dios y vivir siempre contigo.

Decimocuarta estación
Jesús colocado en el sepulcro

CONSIDERA la tristeza del Corazón afligido de María, cuando quedó privada de su amadísimo Hijo. Viendo estas lágrimas, te darás cuenta de la poca compasión que tienes por los amargos sufrimientos del Salvador.

Misericordioso Jesús, por amor a mí has querido recorrer este penosísimo camino. Te adoro ahora yacente en el sepulcro.

Que unido a Ti pueda yo levantarme a vida nueva.

Por los méritos de tu Sagrada Pasión, concédeme recibirte como Viático y que mis últimas palabras sean: "Jesús y María."

Oración

¡OH Dios! Quisiste que tu Hijo sufriera por mí los tormentos de la Cruz, para alejar de nosotros el poder del enemigo. Concédenos a tus fieles alcanzar la gracia de Su Redención.

Señor, Jesucristo, Hijo de Dios vivo, a la hora sexta subiste al patíbulo de la Cruz para redimir al mundo y derramar tu Preciosa Sangre que perdonó nuestros pecados.

Te pedimos humildemente nos concedas la gracia de que, al morir, entremos con gozo por las puertas del Cielo, donde vives y reinas por siempre. Amén.

6. JESÚS CRUCIFICADO

MEDITACION

FUE la mayor maravilla de Dios el que su Hijo, nuestro Señor Jesucristo, se hiciera hombre. A ello se le llama Encarnación.

El Hijo vino al mundo para darle su propia vida divina, salvándolo del pecado, y de esta manera renovar el mundo interiormente. Jesús, muriendo en la Cruz por nosotros, ofreció su vida como el más precioso don del Padre. Por la Pasión y Muerte de nuestro Señor entendemos la gravedad del pecado. Fue éste la causa de sus sufrimientos y muerte. Pero en cambio, borró nuestros pecados y nos libró para servir a Dios y conseguir el Cielo.

Jesucristo es nuestro Salvador porque gracias a El todas las criaturas se salvarán de la esclavitud del pecado. No hay salvación, ni la hubo nunca, fuera de Jesucristo.

Jesucristo es nuestro Salvador y Redentor porque, en cuanto Dios hecho Hombre, predicó el Evangelio del Reino de los Cielos y se entregó a la muerte por amor al Padre y por nuestra salvación.

Dios envió a su Hijo para librar a los hombres del poder de Satanás, logrando la paz entre Dios y los hombres. Para esto tuvo que hacerse hombre y predicar la verdad del Reino y de su Padre. No dejó de hacerlo, aunque los jefes religiosos de su nación buscaban la manera de hacerle daño. Finalmente resolvieron darle muerte por medio de los romanos, porque decía que El era el Hijo de Dios. El es realmente nuestro Salvador.

Jesús es también nuestro Redentor porque pagó nuestra deuda por el pecado y compró de nuevo el Cielo. Ofreció su vida por amor a nosotros y por la gloria del Padre. Cumplió la voluntad del Padre para honrarle y para hacernos eternamente felices en el Reino de Dios. El Padre entrega ahora su Propia Vida Divina, da la gracia a cuantos se acercan a El con fe.

Manifestamos nuestro amor a Jesús siempre que recordamos lo mucho que sufrió por nosotros. Podemos hacerlo durante este santo tiempo de Cuaresma todos los viernes, sobre todo con la Misa, porque la celebración de la Eucaristía es el cumplimiento de sus palabras en la Ultima Cena: "Haced esto en memoria mía."

LA PALABRA DE DIOS

"No hay amor más grande que éste: dar la vida por sus amigos." — *Jn 15, 13*

"Dios, que no perdonó a su propio Hijo sino que lo entregó, por todos nosotros, ¿cómo no nos va a conceder con él cualquier cosa?" — *Ro 8, 32*

(Las Siete Palabras)

1. "Padre, perdónalos, porque no saben lo que hacen" *(Lc 23, 34).*
2. "En verdad, te digo que hoy mismo estarás conmigo en el Paraíso" *(Lc 23, 43).*
3. "Mujer, ahí tienes a tu hijo" *(Jn 19, 26).*
4. "Dios mio, Dios mio, ¿por qué me has abandonado?" *(Mt 27, 46).*
5. "Tengo sed" *(Jn 19, 28).*
6. "Todo está cumplido" *(Jn 19, 30).*
7. "Padre, en tus manos encomiendo mi espíritu" *(Lc 23, 46).*

ORACIONES

Oración propia de la Novena

JESUCRISTO, Hijo de Dios hecho Hombre, coronado de espinas, con cetro de caña en mano, vestido de manta real enrojecido por tu preciosa Sangre. Te adoro como varón de dolores, Te reconozco como mi Rey y mi Señor.

Jesús crucificado, firmemente renuncio al diablo y todo pecado que me ha separado de tu amable amistad. Me comprometo lealmente contigo, mi Salvador, y te suplico me aceptes como servidor tuyo, con el amor más sincero. Prometo vivir fielmente en tu santo servicio y esforzarme en agradarte más, evitando todo pecado y ocasiones de pecar, cumpliendo perfectamente mis obligaciones de buen católico y practicando las virtudes.

Jesús Crucificado, acepta el homenaje que quiero ofrecerte en esta novena, como prueba de mi mayor aprecio por los dolores y sufrimientos que Tú has padecido para reparar por mis numerosos pecados y para probar lo mucho que me amas.

Te adoro como a mi Dios verdadero, que quiso hacerse hombre

para salvarme de la muerte eterna.

Te doy gracias, como a mi mejor amigo que murió en prueba del mayor amor posible.

Te pido perdón por pensar tan poco en Ti, Jesús crucificado, y porque con mis muchos pecados fui causa de tus dolores y sufrimientos.

Te suplico, amadísimo Jesús, me des la gracia que necesito para conocerte, amarte y servirte fielmente hasta la muerte y para salvar mi alma. Concédeme tierna y ferviente devoción a tu Sagrada Pasión, por la que me has redimido, venerándote especialmente en la Santa Misa. Enséñame cómo unir los dolores y sufrimientos de mi vida a los tuyos propios.

Finalmente, por tus dolores y penas, por tu Sagrado Corazón ardiente de amor por mí, herido por el deseo que tienes de que te ame; por los dolores de María, tu afligidísima Madre, te pido esta gracia en particular *(Mencione el favor que desea).*

Con la confianza de un niño dejo mi petición en tus manos y que se haga tu santa voluntad.

—ASCENSIÓN—

7. NOVENA DE LA ASCENSIÓN

MEDITACION

A LOS cuarenta días después de la Resurrección habiendo instruído a sus Apóstoles sobre la nobilísima misión de establecer el Reino de Dios en el mundo, Jesús iba a subir al Cielo, donde le esperaban las glorias celestiales. Bendijo a su querida Madre, a los Apóstoles y discípulos y se despidió de ellos. Una nube lo ocultó de sus miradas.

Le acompañaban innumerables espíritus, los primeros frutos de la redención, que El había sacado del Limbo. Las jerarquías angélicas salían al encuentro del Salvador del mundo.

Al situarse junto al Padre, toda la corte celestial entonó un himno glorioso de alabanza, como el que oyó Juan en sus visiones: "Digno es el Cordero, que ha sido degollado, de recibir el poder y la riqueza, la sabiduría y la fuerza, la honra, la gloria y la alabanza" (Ap 5, 12).

Jesús entró en los cielos para tomar posesión de su gloria. Mientras estaba en la tierra, gustaba siempre de la visión de Dios; pero únicamente en la Transfiguración se manifestó la gloria de su Humanidad Sacratísima, que, por la Ascensión, se colocó al lado del Padre celestial y quedó ensalzada sobre toda criatura humana.

La noche antes de morir oraba Jesús al Padre diciendo: "Te he glorificado en la tierra, cumpliendo la obra que me habías encargado. Ahora tú, Padre, dame junto a ti la misma Gloria que tenía a tu lado desde antes que comenzara el mundo" (Jn 17, 4-5).

Por estar unida al Verbo Divino, que es la segunda Persona de la Santísima Trinidad, la Humanidad de Jesús disfruta del derecho a la gloria eterna. Comparte con el Padre la infinita felicidad y poder de Dios. Justa recompensa por todo lo que hizo y mereció en la tierra. Humanidad elevada al Cielo por encima de toda criatura, porque en la tierra por debajo de todo se humilló.

Cuando acabe la lucha en esta vida, Jesús nos dará la gracia de compartir eternamente el gozo de su victoria.

Jesús subió a los cielos para ser nuestro Mediador ante el Padre. Allí está intercediendo por nosotros. Subió para rendir cuentas al Padre celestial de la gran obra que había acabado en la tierra: la Iglesia nació, la gracia brota en abundancia de su Cruz en el Calvario y se distribuye por los Sacramentos, la deuda de justicia es pagada, la muerte y el infierno son vencidos, el Cielo es abierto y el hombre es puesto en el camino de salvación. Jesús merecía este glorioso recibimiento, al regresar a su hogar.

La Ascensión, además, es garantía de nuestra propia subida al Cielo, después del Juicio de Dios. Fue a prepararnos sitio en su Reino y prometió volver para llevarnos con El.

Vayamos en espíritu con Jesús al Cielo y moremos allí. Sea esta nuestra aspiración ahora en fe, esperanza y caridad. Busquemos solamente los gozos verdaderos.

LA PALABRA DE DIOS

"El Señor Jesús, después de hablar con ellos, fue llevado al cielo y se sentó a la derecha de Dios." — *Mc 16, 19*

"Por eso se dijo: 'Subió a las alturas, llevó cautivos, y dio sus dones a los hombres.' "

— *Ef 4, 8 y Sal 68, 19*

"Así pues, si han sido resucitados con Cristo, busquen las cosas de arriba, donde se encuentra Cristo, sentado a la derecha de Dios; piensen en las cosas de arriba, no en las de la tierra." — *Col 3, 1-2*

ORACION

Oración propia de la Novena

JESÚS, te rindo homenaje en la fiesta de tu Ascensión al Cielo. Me alegro de todo corazón por la gloria en que has entrado a reinar como Señor de Cielo y tierra. Cuando acabe la lucha de este mundo, dame la gracia de compartir en el Cielo el gozo de tu victoria por toda la eternidad.

Yo creo que entraste en tu Reino glorioso a preparar mi sitio, pues prometiste volver y llevarme contigo. Concédeme buscar solamente la dicha de tu amor y amistad, para que yo merezca unirme contigo en el Cielo.

Cuando me llegue la hora de subir y presentarme ante el Padre para rendir cuentas de mi vida, ten compasión de mí.

Jesús, por el amor que me tienes, me has trasladado del mal al bien y de la desgracia a la felicidad. Dame la gracia de elevarme sobre mi debilidad humana. Que tu Humanidad me de fuerza en la flaqueza y me libre de los pecados.

Con tu gloria dame ánimo de perseverancia, pues me has llamado y justificado por la fe. Que yo profundice en la vida que me has dado y alcance los premios eternos que prometes.

Tu me amas, buenísimo Jesús. Haz que yo a mi vez te ame. Te pido ahora esta gracia en particular *(Mencione el favor que desea)*.

En tu constante providencia, guía mis pasos a la vida gloriosa que has preparado para aquellos que te aman. Hazme crecer en santidad y darte gracias, viviendo fielmente para Ti.

Alabanza a Jesús glorioso

TE alabo, Corazón de Jesús amadísimo, Fuente de toda bondad.

Te alabo, Corazón de Jesús, toda bondad, por las infinitas gracias que has dado y seguirás dando a las almas de los justos.

Te alabo, Corazón de Jesús, por el tierno amor con que has aliviado tan frecuentemente los corazones devotos con tu divino consuelo.

Te alabo, Corazón de Jesús, que eres todo amor, por la plenitud de tu gracia, el esplendor de tus virtudes, la generosidad de tu Corazón y la pureza de tu amor.

Te alabo, real Corazón de Jesús, por tu victoria sobre la muerte y el pecado, tu poder sobre las almas y el triunfo sobre vivos y difuntos.

Te alabo, Corazón tan pobre siendo tan rico, por haber despreciado las riquezas terrenas y haber renunciado a los honores mundanales.

Te alabo, Corazón de Jesús obedientísimo, por tener hambre de cumplir la voluntad del Padre, y estar sediento de la mayor gloria de Dios y salvación de las almas.

Te alabo, Corazón de Jesús generosísimo, que no buscaste tu gloria propia; Corazón pacientísimo, que voluntariamente sobrellevaste los mayores insultos; Corazón más abnegado, que anhelabas la Cruz y la abrazaste con amor.

Sacratísimo Corazón de Jesús, enséñame a amarte con todo mi

corazón y concede que en la medida de mis limitadas fuerzas imite yo tus admirables virtudes. Amén.

Oración

DIOS y Padre nuestro, haznos participar del gozo de la Ascensión de tu Hijo Jesucristo. Que la sigamos en la nueva creación, pues su Ascensión es nuestra gloria y nuestra esperanza. Te lo pedimos por nuestro Señor Jesucristo. Amén.

—CORPUS CHRISTI—

8. EL SACRAMENTO DE LA SAGRADA EUCARISTÍA

MEDITACION

LA Eucaristía es el Sacramento que contiene verdaderamente el Cuerpo y Sangre de Jesucristo, juntamente con su Alma y Divinidad, toda la Persona de Cristo vivo y glorioso, bajo las apariencias de pan y vino.

El Concilio de Trento define claramente esta verdad, fundamental para la vivencia y adoración de Cristo: "En el Santísimo Sacramento de la Eucaristía se contiene verdadera, real y sustancialmente el

Cuerpo y Sangre de nuestro Señor Jesucristo, juntamente con su Alma y Divinidad. En realidad, Cristo íntegramente."

Como católicos, creemos que Jesucristo está personalmente presente en el altar siempre que haya una hostia consagrada en el sagrario. Es el mismo Jesucristo, verdadero Dios y verdadero Hombre, que andaba por los caminos de Galilea y Judea. Creemos que El viene ahora como nuestro huésped personal, cada vez que recibimos la Santa Comunión.

La Eucaristía es uno de los siete Sacramentos instituídos por Cristo para que participemos de la vida de Dios. Es el mayor de todos los Sacramentos, porque contiene a Cristo mismo, el Autor divino de los Sacramentos.

Hay tres aspectos o momentos en la Eucaristía. El primero se dice real Presencia de Cristo en el altar, siempre que haya una hostia consagrada en el Sagrario. Segundo, la Eucaristía como Sacrificio, que es la Misa. Y tercero, la Santa Comunión.

La palabra "Eucaristía", derivada del griego, significa "Acción de gracias". Se aplica a este Sacramento, porque nuestro Señor dio gracias a su Padre cuando lo instituyó. Además, porque el Santo Sacrificio de la Misa es para nosotros el mejor medio de dar gracias a Dios por sus beneficios.

La Sagrada Eucaristía es el verdadero centro del Culto católico, el corazón de la fe. Y porque creemos que el Hijo de Dios está verdaderamente presente en el Sacramento del altar, construímos bellas iglesias, ricamente adornadas.

El Sacrificio de la Misa no se limita a ser mero ritual en recuerdo del sacrificio del Calvario. En él, mediante el ministerio sacerdotal, Cristo continúa de forma incruenta el Sacrificio de la Cruz hasta que se acabe el mundo.

La Eucaristía es también comida que nos recuerda la Ultima Cena; celebra nuestra fraternidad en Cristo y anticipa ya el banquete mesiánico del Reino de los Cielos.

Por la Eucaristía, se da Jesús mismo, Pan de Vida, en alimento a los cristianos para que sean un pueblo más grato a Dios, amándole más y al prójimo por El.

Se reserva la Eucaristía en nuestras iglesias como ayuda poderosa para orar y servir a los demás. Reservar el Santísimo Sacramento significa que, al terminar la Comunión, el Pan consagrado que sobra se coloca en el Sagrario y allí se guarda reverentemente. La Eucaristía en el Sagrario es un signo por el cual nuestro Señor está constantemente presente en medio de su pueblo y es espiritual para enfermos y moribundos.

Debemos agradecimiento, adoración y devoción a la real presencia de Cristo reservado en el Santísimo Sacramento. Nuestra devoción se manifiesta por las visitas al sagrario en las iglesias. Asimismo por la reverencia y adoración con que recibimos la Bendición cuando nos la da el Sacerdote con el Santísimo Sacramento.

Las tumbas de los Mártires, las pinturas murales de las catatumbas y la costumbre de reservar el Santísimo Sacramento en las casas de los primeros cristianos durante las persecuciones, ponen de manifiesto la unidad de la fe en los primeros siglos del cristianismo sobre la doctrina de la Eucaristía, en la cual Cristo realmente se contiene, se ofrece y se recibe. De la Eucaristía sacó fuerzas toda la Iglesia para luchar valerosamente y conseguir brillantes victorias. La Eucaristía es el centro de toda la vida sacramental, pues es de capital importancia para unir y robustecer la Iglesia.

La novena en honor del Sacramento de la Sagrada Eucaristía puede hacerse muchas veces durante el Año Litúrgico, para ahondar nuestra fe en este gran misterio de amor, centro de toda la vida sacramental de la Iglesia.

LA PALABRA DE DIOS

"Yo soy el pan de vida. Vuestros antepasados, que comieron el maná en el desierto, murieron. Aqui tienen el pan que bajó del cielo para que lo coman y ya no mueran. Yo soy el pan vivo bajado del cielo; el que coma de este pan vivirá para siempre. El pan que yo daré es mi carne, y la daré para la vida del mundo. . . .

"Si no comen la carne del Hijo del Hombre, y no beben su sangre, no viven de verdad. El que come mi carne y bebe mi sangre, vive de vida eterna y yo lo resucitaré en el último día.

"Mi carne es comida verdadera, y mi sangre es bebida verdadera. El que come mi carne y bebe mi sangre permanece en mí, y yo en él. Como el Padre, que vive, me envió, y yo vivo por él, así, quien me come a mí tendrá de mí la vida." — *Jn 6, 48-57*

"Mientras comían, Jesús tomó pan y, después de pronunciar la bendición, lo partió y lo dio a sus discípulos, diciendo: 'Tomen y coman; esto es mi cuerpo.' Después, tomando una copa de vino y dando gracias, se la dio, diciendo: 'Beban todos, porque esta es mi sangre, la sangre de la Alianza, que es derramada por una muchedumbre, para el perdón de sus pecados.' "

— *Mt 26, 26-28*

"Hagan esto en memoria mía." — *Lc 22, 19*

ORACIONES

Oración propia de la Novena

TE doy gracias, Jesús, mi Dios y Redentor, por haber venido al mundo para salvarnos; por instituir el admirable Sacramento de la Eucaristía y quedarte con nosotros hasta el fin del mundo. Te doy gracias por haber ocultado bajo las especies eucarísticas tu infinita majestad y hermosura, cuya contemplación hace las delicias de los ángeles. Así me inspiras confianza para acercarme al trono de tu misericordia.

Te doy gracias, Jesús mío, porque te me das a Ti mismo en el Santísimo Sacramento y tanto lo enriqueces con el tesoro de tu amor que no hay otro don mayor para mí. Te doy gracias por haberte hecho alimento para mí y ofrecerte constantemente en sacrificio a tu eterno Padre por mi salvación.

Te doy gracias a Ti, Dios y sacerdote, por ofrecerte a Ti mismo como sacrificio diariamente sobre nuestros altares en adoración y homenaje a la Santísima Trinidad, perfeccionando nuestra pobre y defectuosa adoración. Te doy gracias por actualizar aquí diariamente el sacrificio de la Cruz ofrecido en el Calvario, así satisfaces por nosotros, pobres pecadores, a la divina justicia.

Te doy gracias, Jesús amadísimo, por haberte hecho la víctima inapreciable que merece plenitud de favores celestiales. Despierta en mí tal confianza que desciendan gracias cada vez más abundantes y fructuosas sobre mi alma. Te vivo agradecido por ofrecerte a Ti mismo en acción de gracias a Dios por todos los beneficios espirituales y temporales que El me ha otorgado.

En unión con tu propio ofrecimiento en el santo Sacrificio de la Misa te pido esta gracia particular *(Mencione el favor que desea)*.

Concédemelo, si es conforme a tu santa voluntad. Quiero también recibir de Ti la gracia de perseverar en tu amor y servicio fielmente, una santa muerte y la eternidad contigo en el Cielo. Amén.

Oración a Cristo, Sumo Sacerdote

SEÑOR, Jesucristo, nuestro magnífico y Supremo Sacerdote. Por tu Muerte y Resurrección te hemos reconocido como el Cordero sacrificial, mediador entre el Padre y nosotros mismos. Nos llamas a participar en tu Muerte y Resurrección por los Sacramentos del Bautismo y Confirmación, para unirnos en el ofrecimiento del sacrificio de Ti mismo por la participación de tu sacerdocio en la Eucaristía. Así pertenecemos a tu Reino en la tierra, haciéndonos tu pueblo santo.

Señor, Jesucristo, nuestro Sumo Sacerdote, concédenos tu espíritu de amor y vida que nos una a Ti, Sacerdote y Víctima, para que el plan de salvación para todos los pueblos se establezca dentro de nosotros.

Señor, Jesucristo, nuestro Sumo Sacerdote, concédenos tu espíritu de sabiduría y unión, que a todos nos unifique en tu Cuerpo Místico, la Iglesia, para ser tus testigos en el mundo.

Señor, Jesucristo, nuestro Sumo Sacerdote, tu Cruz remedie nuestros males, tu Resurrección nos renueve, tu Espíritu Santo nos santifique, tu Realeza nos glorifique y nos redima tu Sacerdocio, para que podamos unirnos contigo como Tú lo estás con el Padre en el Espíritu Santo.

Señor, Jesús, reúnenos a todos en tu Persona—Víctima, Sacerdote, Rey—por el banquete salvador de la Eucaristía que Tú y nosotros ofrecemos en el altar del

Sacrificio, ahora y durante todos los días de nuestra peregrinación por este mundo. Cuando nos llames a tu Reino celestial, entonces podamos participar con todos los santos de tu gloria, amor y vida en unión con el Padre y el Espíritu Santo por toda la eternidad. Amén.

Oración

¡OH Señor! nos has regalado este sagrado Banquete en el cual recibimos a Cristo, se renueva la memoria de su Pasión, el alma se llena de gracia y nos es dada en prenda la gloria futura.

Nos has dado Pan del Cielo.

Que contiene en sí todo deleite.

OREMOS: Oh Dios, y Padre nuestro, has designado Supremo Sacerdote a Jesucristo, para tu gloria y nuestra salvación. Haz que el pueblo rescatado con su Sangre para Ti llegue a participar del poder de tu Cruz y Resurrección por la celebración de su Memorial en la Eucaristía, porque El vive y reina contigo y el Espíritu Santo, Dios por los siglos de los siglos. Amén.

¡Oh Jesús! Tú nos has dejado el recuerdo vivo de tu Pasión oculto bajo los velos de este Sacramento. Concédenos, te pedimos, venerar de tal manera estos sagrados misterios de tu Cuerpo y Sangre, que podamos siempre gozar de los frutos de tu Redención. Tú que vives y reinas por los siglos de los siglos. Amén.

—EL SAGRADO CORAZON DE JESÚS—

9. EL SAGRADO CORAZÓN DE JESÚS

MEDITACION

LA devoción al Sagrado Corazón tal como la conocemos ahora comenzó por el año 1672. Repetidas veces se apareció Jesús a Santa Margarita María Alacoque, monja de la Visitación en Francia. En las apariciones le dio a entender cómo El quería que la gente practicara la devoción al Sagrado Corazón. Pidió que se honrase el símbolo de su Sagrado Corazón de carne; que se hicieran actos de reparación, comunión frecuente, en particular los primeros viernes de mes y la devoción de la Hora Santa.

La Iglesia Católica aprobó la devoción al Sagrado Corazón basándose no sólo en las visiones de Santa Margarita María sino por el valor que en sí misma tiene esta devoción.

En Jesús hay una sola Persona, que es al mismo tiempo Dios y Hombre. Su Corazón es también divino. Es el Corazón de Dios.

Dos cosas han de ir inseparables en esta devoción: el Corazón de carne en Cristo y su amor por nosotros. La devoción al Sagrado Corazón es auténtica cuando se centra en el Corazón de Cristo-Dios y éste representa y nos recuerda su Amor.

Cuando honramos el Corazón de Cristo, nuestro homenaje descansa en la Persona de Jesús y en la plenitud de su amor. Este amor lo llevó a cuanto hizo y sufrió por nosotros en Nazaret, en la Cruz, en el Santísimo Sacramento de la Eucaristía, doctrina y curaciones, oración y trabajo. Cuando hablamos del Sagrado Corazón, nos referimos a Jesús manifestándonos su Corazón, Jesús todo amor por nosotros y todo amable.

Jesucristo es la encarnación del amor infinito de Dios. Su naturaleza humana quedó tan compenetrada con el amor y bondad de Dios que jamás habrá otra igual. Es el perfecto modelo del amor de Dios y del prójimo.

Durante todos los días de su vida dio pruebas constantes del "amor de Cristo que supera todo conocimiento" (Ef 3, 19). Jesús ha transmitido para todo tiempo la propiedad fundamental que lo caracteriza: "Carguen con mi yugo y aprendan de mí que soy paciente de corazón y humilde" (Mt 11, 29). Invitó a todos sin rehusar a nadie, al punto de sorprender a rivales y amigos por su generosidad incondicional. Dijo: "Vengan a mí los que se sienten cargados y agobiados, porque yo los aliviaré" (Mt 11, 28).

El sentido del amor en la vida de Jesucristo se puso en evidencia especialmente con sus sufrimientos. Llevado de amor a su Padre quiso someterse a la muerte en la Cruz. "Esto sucede para que el mundo sepa que yo amo al Padre y que hago lo que me encomendó el Padre" (Jn 14, 31).

El amor que Jesús nos tenía lo llevó hasta someterse a la muerte en la Cruz. Dijo en la Ultima Cena: "No hay amor más grande que éste: dar la vida por sus amigos" (Jn 15, 13).

Lo que pone de relieve el amor de Cristo es la soberana libertad con que se ofreció a Sí mismo. El mismo dijo: "El Padre me ama porque yo mismo doy mi vida, y la volveré a tomar. Nadie me la quita, sino que yo mismo la voy a entregar. En mis manos está el entregarla, también el recobrarla: éste es el mandato que recibí de mi Padre" (Jn 10, 17-18).

Jesús amaba a todos porque ellos pertenecían al Padre. Antes de morir oraba así: "Yo ruego por ellos. No ruego por el mundo, sino por los que tú me diste, que ya son tuyos" (Jn 17, 9). Hizo mucho bien a la humanidad por amor de Dios, viendo en cada persona a un hijo de Dios y una imagen del Padre.

Por su propia iniciativa amaba Jesús a la gente, porque en realidad lo necesitaban mucho y porque con sus innumerables favores quería El atraerlos a sus enseñanzas.

Cuando veamos a Jesús ofrecer pródigamente sus inagotables tesoros de compasión y de misericordia alcanzaremos a comprender un poco la inmensidad de ese mar de bondad y amor de donde el Sagrado Corazón saca para nosotros sus tesoros.

El Sagrado Corazón de Jesús jamás deja de amarnos en el Cielo. Nos santifica con los Sacramentos, fuente inagotable de gracia y santidad nacida en el mar infinito del Sagrado Corazón de Jesús.

La Solemnidad del Sagrado Corazón de Jesús se celebra el Viernes siguiente al Segundo Domingo de Pentecostés.

LA PALABRA DE DIOS

"Esto declara Yavé: Cuando llegue el tiempo, yo pactaré con Israel esta otra alianza: Pondré mi ley en su interior, la escribiré en sus corazones, y yo seré su Dios y ellos serán mi pueblo." *— Jr 31, 33*

"Carguen con mi yugo y aprendan de mí que soy paciente de corazón y humilde." *— Mt 11, 28*

"Vine a traer fuego a la tierra, ¡y cuánto desearía que ya estuviera ardiendo!" *— Lc 12, 49*

"Al llegar a Jesús, vieron que ya estaba muerto. Así es que no le quebraron las piernas, sino que uno de los soldados le abrió el costado de una lanzada y al instante salió sangre y agua." *— Jn 19, 33-34*

ORACIONES

Oración propia de la Novena

JESUS, Tú dijiste: "Pidan y recibirán, busquen y hallarán, llamen y se les abrirá." Aquí estoy de rodillas delante de Ti, lleno de fe viva y confianza en las promesas que hizo tu Sagrado Corazón a Santa Margarita María. Vengo a pedirte esta gracia *(Mencione el favor que desea).*

¿A quién puedo yo acudir sino a Ti, cuyo Corazón es fuente de todas las gracias y méritos? ¿Dónde puedo buscar fuera del tesoro que contiene todas las riquezas de tu bondad y misericordia? ¿Dónde voy a llamar sino a la puerta por la cual Dios vino a nosotros, se nos dio a Sí mismo y por donde nosotros vamos a El? Acudo a Ti, Corazón de Jesús. En mis aflicciones hallo consuelo en Ti. Me proteges cuando me persiguen. Tú me levantas cuando las tribulaciones me deprimen. Eres mi luz en las dudas y tinieblas.

Amadísimo Jesús, creo firmemente que me puedes conceder la gracia que te pido, aunque sea preciso un milagro. Si Tú quieres se cumplirá mi deseo. Reconozco que soy muy indigno de tus favores, pero eso no me quita la confianza en Ti. Tú eres Dios misericordioso, que no rechaza mi corazón contrito. Tiende sobre mí tu mirada de misericordia, te suplico, y tu bondadoso Corazón hallará en mis miserias y debilidades motivos para concederme lo que pido.

Sagrado Corazón, cualquiera que sea tu decisión sobre lo que pido, nunca dejaré de amar, alabar y servirte a Ti. Muéstrate propicio, Jesús, y acepta este acto de perfecta sumisión a los designios de tu adorable Corazón, designios que sinceramente deseo se cumplan en mí y en todas las criaturas por siempre.

Concédeme la gracia que te pido humildemente por intercesión del Inmaculado Corazón de tu Madre Dolorosa. Me has confiado a ella como hijo suyo y sus oraciones lo pueden todo contigo. Amén.

Memorare

RECUERDA, piadosísimo Jesús, que nadie ha sido jamás abandonado de cuantos han acudido a tu Sagrado Corazón pidiendo ayuda o implorando misericordia. Animado con tal confianza, Divino Corazón, que diriges todos los corazones, vengo a Ti, agobiado por el peso de mis pecados. No deseches mis pobres peticiones, antes bien escúchalas con bondad y atiéndelas complacido.

Oración

SACRATISIMO Corazón de Jesús, fuente de toda bendición, te adoro, te amo, tengo vivo dolor de mis pecados, y me ofrezco a Ti.

Hazme humilde, paciente, puro y dócil a tu voluntad. Concédeme, Jesús amadísimo, vivir, en Ti y para Ti. Protégeme en los peligros, confórtame en la aflicción, dame salud, socórreme en mis necesidades temporales, bendice cuanto hago y dame la gracia de una buena muerte.

Corazón ferviente de Jesús, inflama mi corazón.

Corazón caritativo de Jesús, enternece mi corazón.

Corazón omnipotente de Jesús, vigoriza mi corazón.

Corazón misericordioso de Jesús, perdona mi corazón.

Corazón paciente de Jesús, no te canses de mi corazón.

Corazón de Jesús Rey, reina en mi corazón.

Corazón sapientísimo de Jesús, enseña mi corazón.

Corazón de Jesús, voluntad de Dios, guía mi corazón.

Corazón de Jesús, celoso de nuestro bien, consume mi corazón.

Inmaculada Virgen María, ruega por mí al Sagrado Corazón de Jesús.

Por la salvación de las almas

SACRATISIMO Corazón de Jesús, derrama copiosamente tus bendiciones sobre la Iglesia Santa, el Papa y todos los sacerdotes, religiosos y religiosas.

Concede a los justos la perseverancia, a los pecadores la conversión y luz a los no creyentes. Bendice a mis familiares, amigos y bienhechores. Asiste a los moribundos, libra a las benditas almas del Purgatorio y extiende sobre todos los corazones el imperio amable de tu amor.

A Ti, Corazón misericordioso de Jesús, encomiendo estas almas y por ellas te ofrezco todos tus méritos, los de la Santísima Virgen, Angeles y Santos, junto con las Misas, comuniones, oraciones y obras buenas que se ofrezcan hoy en toda la Cristiandad.

En respuesta al amor de Jesucristo

CONTEMPLO tu Corazón, Señor amadísimo, rebosante de amor por nosotros. Por tu amor perdona mis pecados. He herido tu Corazón, pero Tú me concedes perdón y gracia. Que yo pueda mostrarte mi amor agradecido y me enmiende de mis pecados.

Te doy gracias por tanto amor como recibo de tu Sagrado Corazón. Que mi corazón se abra a compartir tu vida y continúes bendiciéndome con tu amor.

Hazme firme en la fe y llévame a la gloria prometida que mereció tu Pasión y Muerte aceptada por mi amor. Tu Resurrección haga que yo te ame por toda la eternidad en el Reino celestial.

Ofrecimiento

¡DIOS mio! te ofrezco todas mis oraciones y trabajos, alegrías y sufrimientos unido a las intenciones por las que el Sagrado Corazón suplica y se ofrece a Sí mismo en el Sacrificio de la Misa: acción de gracias por sus favores, reparación por mis pecados, pidiendo humildemente mi bienestar temporal y eterno, por la conversión de los pecadores y por la ayuda a las almas del Purgatorio.

Acto de Consagración

YO . . . entrego y consagro al Sagrado Corazón de Nuestro Señor Jesucristo mi persona, mi vida, mis acciones, mis penas y sufrimientos. No haya nada en mi que de ahora en adelante no sea para honrar, amar y glorificar al Sagrado Corazón.

Propongo firmemente ser y hacer todo por su amor y a mi vez renuncio con toda mi alma a cuanto le desagrade.

Por eso, oh Sagrado Corazón, Tú serás el centro único de mi amor, el protector de mi vida, la prenda de mi salvación, el remedio de mis debilidades e inconstancia, la expiación de las faltas de toda mi vida, la prenda de mi salvación, el remedio de mis debilidades y el refugio seguro en la hora de mi muerte.

Seas Tú, Corazón bondadosísimo, quien me justifique ante Dios Padre y aparte de mí el castigo de su justo enojo. Corazón, fuente de amor, pongo en Ti mi confianza, pues en nada me fío de mis fragilidades y malicia. Todo lo espero de tu misericordia y generosidad.

Acaba en mí con todo lo que pueda desagradarte o contrariar tu santa voluntad. Que tu amor purísimo se grabe tan hondamente en mi corazón que yo nunca te olvide ni me separe de Ti. Que mi nombre, por tu amable bondad, quede escrito en Ti, pues deseo que toda mi felicidad y gloria sean inseparables de Ti en vida y en muerte. *(Santa Margarita María)*

Letanía del Sagrado Corazón de Jesús

SEÑOR, ten piedad.
Cristo, ten piedad.
Señor, ten piedad.
Cristo, óyenos.
Cristo, escúchanos.
Dios Padre celestial, *ten piedad de nosotros.*
Dios Hijo, Redentor del mundo, *ten piedad de nosotros.**
Dios Espíritu Santo,
Trinidad Santa, un solo Dios,
Corazón de Jesús, Hijo del eterno Padre,
Corazón de Jesús, formado por el Espíritu Santo en el seno de la Virgen María,
Corazón de Jesús, unido sustancialmente al Verbo de Dios,

* *Ten piedad de nosotros* se repite después de cada invocación.

Corazón de Jesús, de majestad infinita,
Corazón de Jesús, templo santo de Dios,
Corazón de Jesús, tabernáculo del Altísimo,
Corazón de Jesús, casa de Dios y puerta del Cielo,
Corazón de Jesús, horno ardiente de caridad,
Corazón de Jesús, morada de justicia y amor,
Corazón de Jesús, plenitud de bondad y amor,
Corazón de Jesús, abismo de todas las virtudes,
Corazón de Jesús, dignísimo de toda alabanza,
Corazón de Jesús, rey y centro de todos los corazones,
Corazón de Jesús, en quien están todos los tesoros de santidad y ciencia,

Corazón de Jesús, en quien reside la plenitud de la divinidad,

Corazón de Jesús, en quien el Padre halló sus complacencias,

Corazón de Jesús, de cuya plenitud todos hemos recibido,

Corazón de Jesús, deseo de los eternos collados,

Corazón de Jesús, paciente y misericordioso,

Corazón de Jesús, rico para todos los que te invocan,

Corazón de Jesús, fuente de vida y santidad,

Corazón de Jesús, propiciación de nuestros pecados,

Corazón de Jesús, cargado de oprobios,

Corazón de Jesús, golpeado por nuestras ofensas,

Corazón de Jesús, obediente hasta la muerte,

Corazón de Jesús, traspasado por la lanza,

Corazón de Jesús, fuente de todo consuelo,

Corazón de Jesús, vida y resurrección nuestra,

Corazón de Jesús, paz y reconciliación nuestra,

Corazón de Jesús, víctima por nuestros pecados,

Corazón de Jesús, salvación de quienes en Ti confían,

Corazón de Jesús, esperanza de los que en Ti mueren,

Corazón de Jesús, delicia de todos los santos,

Cordero de Dios, que quitas los pecados del mundo, *perdónanos, Señor.*

Cordero de Dios, que quitas los pecados del mundo, *escúchanos, Señor.*

Cordero de Dios, que quitas los pecados del mundo, *ten piedad de nosotros.*

℣. Jesús, manso y humilde de corazón.

℟. *Haz mi corazón semejante al tuyo.*

OREMOS: Dios todopoderoso y eterno, mira al Corazón de tu amadísimo Hijo y las alabanzas y satisfacción que te ofrece por los pecadores. Por tu inmensa bondad, perdona a cuantos imploran tu misericordia en nombre de Jesucristo, tu Hijo, que vive y reina por los siglos de los siglos. ℟. *Amén.*

10. CRISTO REY

MEDITACION

JESÚS comenzó la vida pública anunciando *su Reino.* "El plazo está vencido, el Reino de Dios se ha acercado. Tomen otro camino y crean en la Buena Nueva" (Mc 1, 14).

El Reino de Dios es ante todo espiritual. Su realización final consiste en la unión de todos los bienaventurados disfrutando de Dios en el Cielo.

Se ingresa en este Reino aceptando el mensaje del Evangelio por fe y recibiendo el Bautismo. Jesús dijo a los Apóstoles: "Vayan por todo el mundo y anuncien la Buena Nueva a toda la creación. El que crea y se bautice se salvará. El que se resista a creer se condenará" (Mc 16, 15-16).

Toda persona que quiera pertenecer al Reino de Dios necesita nacer de Dios otra vez. Viene a ser hijo de Dios no meramente por adopción legal sino por real y verdadera participación de la vida divina. "A todos los que lo recibieron, les concedió ser hijos de Dios" (Jn 1, 12).

El Reino de Cristo no es de dominar la tierra. El mismo dijo a Pilato: "Mi reinado no es de acá" (Jn 18, 36).

Se designa el Reino de Dios comúnmente con el nombre de Iglesia. Es a la vez divino y humano, terreno y celestial. Pequeño al principio como el grano de mostaza, estaba llamado a ser católico, o sea, a extenderse por todo el mundo. La idea de la Iglesia como Reino universal de

Dios demuestra claramente que no puede haber más que una sola Iglesia, como no puede haber más que un solo Reino de Dios.

La Iglesia es Jesucristo, que vive y actúa en el mundo por sus ministros, debidamente autorizados, hasta el fin de los tiempos. El dio a su Iglesia una forma, una organización que la capacitase para realizar su misión en el mundo: enseñar, dirigir y santificar las almas.

Pertenecer al Reino de Dios es lo más precioso a que puede aspirar una persona. Debemos considerarlo como una perla que no tiene precio y, en agradecimiento, sacrificarnos por este don.

Jesucristo es *nuestro Rey*. Es el primogénito de toda la creación. El es antes que todas las cosas, pues todo fue creado en El por El y para El. Es el más importante entre todas las criaturas a la vez que su Creador, perfecta imagen de Dios, el primogénito de la creación.

Cristo es el centro del plan salvífico de Dios, porque el cristiano puede llevar a cumplimiento su tarea haciendo que la creación dé gloria a Dios por medio de Jesús, el Señor resucitado.

Dijo Jesús a Pilato:"Mi reinado no es de acá. . . . Tú lo has dicho: Yo soy Rey. Para esto nací, para esto vine al mundo, para ser testigo de la Verdad. Todo hombre que está de parte de la verdad, escucha mi voz" (Jn 18, 36-37).

Es de fe que Jesucristo en cuanto Hombre tiene pleno espiritual para guiar por el camino de la salvación, establecer la Iglesia y los Sacramentos y conceder todas las gracias de orden sobrenatural. Por estar unidas en El las naturalezas divinas y humanas posee mayor poder aún y esto es la base de la Realeza.

Cada uno de nosotros debemos esforzarnos personalmente por ser súbditos de Cristo Rey con la mayor perfección posible de mente, voluntad y corazón, porque fuimos comprados al precio de su preciosísima Sangre. Cristo es Rey del hogar y de la sociedad.

Jesús nos pide creer en El, poner en El nuestra esperanza y amarle de todo corazón. El nos ha dicho: "El Padre ama al Hijo y pone todas las cosas en sus manos. El que cree al Hijo vive de la vida eterna" (Jn 3, 35-36).

LA PALABRA DE DIOS

"Ya tengo consagrado yo a mi Rey en Sión, mi monte santo. . . . Tú eres hijo mio, hoy te he dado a la vida. Pídeme y serán tu herencia las naciones, tu propiedad los confines de la tierra. Las podrás aplastar con vara de hierro."

— Sal 2, 6-9

"Dios le dará el trono de David, su antepasado. Gobernará por siempre el pueblo de Jacob y su reinado no terminará jamás."

— Lc 1, 32-33

" 'Mi realeza no procede de este mundo; si fuera rey como los de este mundo, mi guardia habría luchado para que no cayera en manos de los judios. Pero mi reinado no es de acá.' Pilato le preguntó: 'Entonces ¿tú eres rey?' Jesús contestó: 'Tú lo has dicho: Yo soy Rey. Para esto nací, para esto vine al mundo, para ser testigo de la Verdad'."

— Jn 18, 36-37

"Lleva escrito en la capa y en el muslo este título: 'Rey de reyes y Señor de señores'."

— *Ap 19, 16*

ORACIONES

Oración propia de la Novena

JESÚS, dijiste que tu Reino está entre nosotros, pero no es de este mundo; es un Reino espiritual, sobrenatural, el Reino de la verdad. Tus armas son las fuerzas del convencimiento, y de este modo conquistas los corazones que justamente te pertenecen. Tú bien sabes que esto es verdad. Tú mismo eres la Verdad.

Jesús, creo que eres verdaderamente Rey, pues has venido al mundo a establecer entre la gente el Reino de Dios. Todo aquel que es de la verdad, que cree en Dios y reconoce su autoridad en los asuntos humanos, te debe una fiel e indivisible lealtad y "escucha tu voz".

Como católico, soy miembro de tu Reino; Tú eres mi Rey. Te debo lealtad, obediencia y amor. Ayúdame a poner en práctica mis sacratísimos deberes para contigo. Quiero ser "de la verdad", es decir, "hijo de Dios", con alegría oir tu voz y seguirte en todo. Te acojo como Rey y me someto gustoso a tu voluntad.

Reina sobre todo en mi corazón y en mi vida. Tu reinado es paz del Cielo; tu ley es el amor. Ayúdame a orar y trabajar porque tu Reino llegue a todas las almas, a toda familia, a toda nación.

Jesús, pues te rindo homenaje como a mi Rey, acudo a Ti con gran confianza, pidiéndote me concedas esta gracia en particular, si es conforme a tu santa voluntad *(Mencione el favor que desea)*.

Señor, Jesucristo, mi Rey, te adoro como Hijo de Dios y por la intercesión de tu bondadosísima Madre te pido me envíes desde la abundancia de tu amable Corazón la gracia del Espíritu Santo, que ilumine mi entendimiento, purifique mi corazón pecador y confirme en mí tu Santo amor. Te lo pido por amor del Padre y del Espíritu Santo, por tu infinita misericordia y por los méritos de todos los Santos. Amén.

Consagración

CRISTO Jesús, te reconozco como Rey del universo. Tú has creado todo cuanto existe. Usa plenamente de tus derechos sobre mí. Renuevo mis promesas de

Bautismo por las que renuncié a Satanás, a todas sus seducciones y a todas sus obras. Te prometo vivir como buen cristiano. Me comprometo especialmente a colaborar por el triunfo de los derechos de Dios y de su Iglesia y dilatarlos y afianzarlos por todos los medios.

Divino Corazón de Jesús, en tus manos pongo mis insignificantes esfuerzos para que todos los corazones reconozcan tu sagrada Realeza y se establezca tu reino de paz en todo el mundo.

Oración

DIOS omnipotente y misericordioso, Tú quebrantas el poder del mal y todo lo renuevas en tu Hijo Jesucristo, Rey del universo. Que todos en el Cielo y en la tierra aclamen tu gloria y nunca cesen de alabarte.

Padre todopoderoso, guía de amor, Tú hiciste pasar a Jesucristo nuestro Señor de la muerte a la vida, resplandeciente en gloria como Rey de la creación. Abre nuestros corazones; libera a todo el mundo para que gocen de su paz, glorifiquen su justicia y vivan en su amor. Que toda la humanidad se unifique en Jesucristo, tu Hijo, que reina contigo y el Espíritu Santo, Dios por siempre. Amén.

Prefacio

PADRE, Dios todopoderoso y eterno, es nuestro deber saludable darte gracias siempre y en todo lugar.

Tú ungiste a Jesucristo, tu Unico Hijo, con el óleo de alegría como el Sacerdote eterno y Rey del universo. Como Sacerdote, Jesús ofreció su vida en el ara de la Cruz y consumó el misterio de la Redención humana por este sacrificio perfecto de paz.

Como Rey, Jesús ha poder sobre la creación entera para que presentara a Ti, su Padre todopoderoso, el Reino eterno y universal: el Reino de la verdad y vida, el Reino de la santidad y gracia, el Reino de la justicia, amor y paz.

Por eso, con todos los coros celestiales, proclamamos tu gloria y nos unimos a su himno perpetuo de alabanza.

Dios Espíritu Santo

—PENTECOSTES—

11. EL ESPÍRITU SANTO

MEDITACION

EL Espíritu Santo, la tercera Persona de la Santísima Trinidad, es Dios. Verdadero Dios como lo son el Padre y el Hijo. Es el Amor del Padre y el Hijo.

Cristo prometió que este Espíritu de Verdad iba a venir y moraría dentro de nosotros. "Yo rogaré al Padre y les dará otro Intercesor que permanecerá siempre con ustedes. Este es el Espíritu de Verdad que el mundo no puede recibir porque no lo ve ni lo conoce. Pero ustedes saben que él permanece con ustedes, y estará en ustedes"(Jn 14, 16-17).

El Espíritu Santo vino el día de Pentecostés y nunca se ausentará. Cincuenta días después de la Pascua, el Domingo de Pentecostés, los Apóstoles fueron transformados de hombres débiles y tímidos en valientes proclamadores de la fe; los necesitaba Cristo para difundir su Evangelio por el mundo.

El Espíritu Santo está presente de modo especial en la Iglesia, comunidad de quienes creen en Cristo como el Señor. Ayuda a su Iglesia a que continúe la obra de Cristo en el mundo. Su presencia da gracia a los fieles para unirse más a Dios y entre sí en amor sincero, cumpliendo sus deberes con Dios y los demás. La gracia y vida divina que prodiga hacen a la Iglesia ser mucho más grata a Dios; la hace crecer con el poder del Evangelio; la renueva con sus dones y la lleva a unión perfecta con Jesús.

El Espíritu Santo guía al Papa, a los obispos y a los presbíteros de la Iglesia en su tarea de enseñar la doctrina cristiana, dirigir almas y dar al pueblo la gracia de Dios por medio de los Sacramentos. Orienta toda la obra de Cristo en la Iglesia: solicitud por los enfermos, enseñar a los niños, preparación de la juventud, consolar a los afligidos, socorrer a los necesitados.

Es nuestro deber honrar al Espíritu Santo amándole por ser nuestro Dios y dejarnos dócilmente guiar por El en nuestras vidas. San Pablo nos lo recuerda diciendo: "¿No saben ustedes que son Templo de Dios y que el Espíritu de Dios habita en ustedes?" (1 Co 3, 16).

Conscientes de que el Espíritu Santo está siempre con nosotros, mientras vivamos en estado de gracia santificante, debemos pedirle con frecuencia la luz y fortaleza necesarias para llevar una vida santa y salvar nuestra alma.

LA PALABRA DE DIOS

"En verdad te digo: El que no renace del agua y del Espíritu no puede entrar en el Reino de Dios. Lo que nace de la carne es carne, y lo que nace del Espíritu es espíritu."

— *Jn 3, 5-6*

"Les he hablado mientras estaba con ustedes. En adelante el Espíritu Santo Intérprete, que el Padre les enviará en mi Nombre, les va a enseñar todas las cosas y les recordará todas mis palabras." — *Jn 14, 25-26*

"Cuando llegó el día de Pentecostés, estaban todos reunidos en un mismo lugar. De pronto vino del cielo un ruido, como el de una violenta ráfaga de viento, que llenó toda la casa donde estaban. Se les aparecieron unas lenguas como de fuego, las que, separándose, se fueron posando sobre cada uno de ellos, y quedaron llenos del Espíritu Santo y se pusieron a hablar idiomas distintos, en los cuales el Espíritu les concedía expresarse." — *Hch 2, 1-4*

"En cada uno el Espíritu revela su presencia con un don que es también un servicio. A uno se le da hablar con sabiduría, por obra del Espíritu. Otro comunica enseñanzas conformes con el mismo Espíritu. Otro recibe el don de la fe, en que actúa el Espíritu. Otro recibe el don de hacer curaciones, y es el mismo Espíritu. Otro hace milagros; otro es profeta; otro reconoce lo que viene del bueno o del mal espíritu; otro habla en lenguas, y otro todavía interpreta lo que se dijo en lenguas. Y todo esto es obra del mismo y único Espíritu, el cual reparte a cada uno según quiere."

— 1 Co 12, 7-11

ORACIONES

Oración propia de la Novena

ESPÍRITU Santo, tercera persona de la Santísima Trinidad, Espíritu de Verdad, amor y santidad, que procedes del Padre y del Hijo y en todo los igualas, te adoro y te amo con todo mi corazón.

Espíritu Santo muy querido, confiando en el hondo y personal amor que me tienes, hago esta novena para pedirte, si así es tu voluntad, me concedas esta gracia en particular *(Mencione el favor que desea).*

Enséñame, Espíritu Divino, a conocer y buscar mi último fin; dame santo temor de Dios, verdadera contrición y paciencia. No me dejes caer en pecado. Aumenta mi fe, esperanza y caridad y haz florecer en mi alma las virtudes propias de mi estado de vida.

Hazme fiel discípulo de Jesús y obediente hijo de la Iglesia. Dame gracia eficaz con que pueda cumplir los Mandamientos y recibir dignamente los Sacramentos. Dame las cuatro virtudes cardinales, tus siete dones y los doce frutos. Llévame a perfección en el estado de vida al cual me has llamado y después de una muerte dichosa concédeme la vida eterna. Te lo pido por Cristo nuestro Señor. Amén.

Consagración

ESPIRITU Santo, divino Espíritu de luz y amor, te consagro mi entendimiento, mi corazón, mi voluntad y todo mi ser, en el tiempo y en la eternidad. Que mi entendimiento esté siempre sumiso a tus divinas inspiraciones y enseñanzas de la doctrina de la Iglesia católica, que tu guías infaliblemente. Que mi corazón se inflame siempre en amor de Dios y del prójimo. Que mi voluntad esté siempre conforme a tu divina voluntad. Que toda mi vida sea fiel imitación de la vida y virtudes de Nuestro Señor y Salvador Jesucristo. A El, contigo y el Padre sea dado todo honor y gloria por siempre.

Dios Espíritu Santo, infinito Amor del Padre y del Hijo, por las manos purísimas de María, tu Esposa inmaculada, me pongo hoy y todos los días de mi vida sobre tu altar escogido, el Sagrado Corazón de Jesús, como un sacrificio en tu honor, fuego consumidor, con firme resolución ahora más que nunca de oir tu voz y cumplir en todas las cosas tu santísima y adorable voluntad.

Por los siete Dones del Espíritu Santo

BENDITO Espíritu de *Sabiduría*, ayúdame a buscar a Dios. Que sea el centro de mi vida, orientada hacia El para que reine en mi alma el amor y armonía.

Bendito Espíritu de *Entendimiento*, ilumina mi mente, para que yo conozca y ame las verdades de fe y las haga verdadera vida de mi vida.

Bendito Espíritu de *Consejo*, ilumíname y guíame en todos mis caminos, para que yo pueda siempre conocer y hacer tu santa voluntad. Hazme prudente y audaz.

Bendito Espíritu de *Fortaleza*, vigoriza mi alma en tiempo de prueba y adversidad. Dame lealtad y confianza.

Bendito Espíritu de *Ciencia*, ayúdame a distinguir entre el bien y el mal. Enséñame a proceder con rectitud en la presencia de Dios. Dame clara visión y decisión firme.

Bendito Espíritu de *Piedad*, toma posesión de mi corazón; inclínalo a creer con sinceridad en Ti, a amarte santamente, Dios mío, para que con toda mi alma pueda yo buscarte a Ti, que eres mi Padre, el mejor y más verdadero gozo.

Bendito Espíritu de *Santo Temor*, penetra lo más íntimo de mi corazón para que yo pueda siempre recordar tu presencia. Hazme huir del pecado y concédeme profundo respeto para con Dios y ante los demás, creados a imagen de Dios.

Oración

TE pedimos, Dios todopoderoso, nos concedas agradar al Espíritu Santo con nuestras oraciones de tal modo que podamos con su gracia vernos libres de tentaciones y merezcamos obtener el perdón de los pecados. Por Jesucristo nuestro Señor. Amén.

Ven, Espíritu Santo

OH Espíritu Santo, ven,
Danos el ansiado bien
De tu lumbre celestial;

Padre del pobre clemente,
De eternos dones la fuente,
Luz para todo mortal.

Supremo consolador,
Huésped del alma, dulzor,
Refrigerio en los rigores,

Dulce tregua en la fatiga,
Templanza que ardor mitiga,
Consuelo en nuestros dolores.

Luz sacrosanta del mundo,
Abrasa lo más profundo
Del corazón de tus fieles;

Sin tu bella claridad
Sólo existiría maldad
Y serían los hombres crueles.

Limpia toda sordidez,
Fructífica la aridez,
Sana lo que se halla herido,

Doblega la vanidad,
Enardece la frialdad,
Torna recto lo torcido.

Bríndales la concesión
De tu septiforme don
A la grey que en Ti confía,

Ungelos con la virtud,
Dales éxito y salud
Y perdurable alegría.
Amén. Aleluya.

5. **La Purificación del Templo** — Jesús "comenzó a echar fuera a los que vendian diciendo: . . . 'Mi casa será casa de oración; mas ustedes la han convertidos en 'cueva de ladrones' " — *Lc 19:45s.*

6. **Jesús Nuestro Consolador** — "Vengan a Mí los que se sienten fatigados y sobrecargados, y Yo los aliviaré. . . . Y sus almas encontrarán descanso" — *Mt 11:28s.*

7. **El Denario del Tributo** — " 'Muéstrenme una moneda.' Ellos le mostraron un denario. . . . 'Pues bien, den al César lo que es del César, y a Dios lo que es de Dios' " — *Mt 22:19ss.*

8. **Jesús Bendice los Niños** — " 'Dejen que los niños vengan a Mi y no se lo impidan. Porque de los que se asemejan a ellos es el Reino de Dios.' . . . Y los bendecía" — *Mc 10:14ss.*

℣. Envía tu Espíritu Santo creador.

℟. *Y renovarás la faz de la tierra.*

OREMOS. ¡Oh Dios! Tú has instruído los corazones de tus fieles enviándoles la luz de tu Espíritu Santo. Concédenos, por el mismo Espíritu, valorar rectamente las cosas y disfrutar siempre de su ayuda. Por Cristo nuestro Señor. ℟. *Amén.*

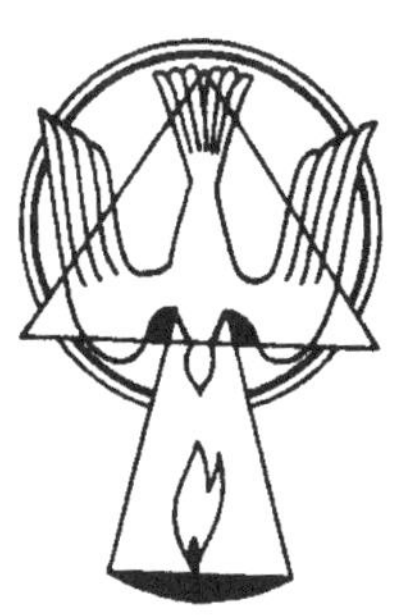

"Dios te salve, Reina y Madre de misericordia. . . . A tí suspiramos gimiendo y llorando."

Segunda Parte

LA SANTÍSIMA VIRGEN MARÍA

—ENERO—

12. MARÍA, LA MADRE DE DIOS

(1ro de Enero)

MEDITACION

LA maternidad divina es el título más noble de la Virgen María. Sin él no habría disfrutado de los demás privilegios; ni siquiera habría existido ella misma; pues fue creada únicamente para ser la Madre de Dios.

El privilegio de la Maternidad divina de María es grande también porque de él dependen los otros: Inmaculada Concepción, virginidad milagrosa, plenitud de gracia, Asunción, y el ser Madre espiritual de toda la humanidad. Todo en ella se explica por ser Madre de Dios; sin esto, nada se podría comprender en Ella.

La Iglesia, en su doctrina sobre la unión de la naturaleza divina y humana en Cristo, afirma que Jesucristo es Dios y Hombre, perfecto Dios y perfecto Hombre, y que su divinidad y humanidad están unidas en una sola Persona de tal manera que las acciones de la naturaleza divina o de la humana son acciones de una sola Persona, la Persona divina.

María es Madre de Dios porque Dios nació de Ella. Si no pudiéramos decir que es la Madre de Dios por haber dado cuerpo al Hijo de Dios no podríamos adorar su Cuerpo ni habríamos sido redimidos por la Sangre de aquel Cuerpo en la Cruz, ni estaríamos unidos con la Divinidad al recibir el Cuerpo de Cristo en la Eucaristía.

La Maternidad divina de María es privilegio tan sublime que ninguna criatura, ni siquiera la misma Santa María, puede comprender plenamente. Para entender del todo su dignidad como Madre de Dios, tendríamos que comprender la dignidad del Hijo de Dios de quien ella es Madre.

La dignidad de ser Madre de Dios eleva a María por encima de toda la creación. Como Madre de Dios sobrepasa en grado inmensamente a las demás criaturas, a los ángeles y a los hombres. Estos son siervos de Dios mientras que ella es su Madre.

Tenemos la dignidad inmensa de ser hijos de Dios por adopción; sólo Jesús lo es por naturaleza. Dios podría haber creado un mundo más bello, gente más perfecta, espíritus más maravillosos. Pero nada pudo hacer más maravilloso que la Madre de Dios.

La maternidad divina de María la sitúa en relación admirable con las tres Personas divinas. Es la hija amada del Padre, porque desde el momento en que Dios decretó la Encarnación de su Hijo fue la preferida entre todas las criaturas para ser su hija. La enriqueció con maravillosos privilegios y la amó más que a todas las criaturas juntas.

Como Madre del Hijo de Dios, queda asociada con el Padre en la generación eterna del Hijo. Con el Padre, ella puede decir: "Este es mi Hijo amado en quien tengo mis complacencias."

María es la Madre del Hijo de Dios. Satisface los deberes de madre verdadera y disfruta de sus derechos. De su propia carne y sangre formó el cuerpo de su Hijo. Lo alimentó, vistió y educó. El la obedecía en lo que le mandaba. ¿Cómo podremos entender jamás el gran amor que los unía?

María es la Esposa del Espíritu Santo porque, como enseña el Evangelio y el Credo de los Apóstoles, concibió por obra del Espíritu Santo al Hijo de Dios hecho Hombre. Se la llama también templo del Espíritu Santo porque, en virtud de su Inmaculada Concepción y de su plenitud de gracia, el Espíritu Santo habita en ella de manera especialísima.

Por toda la eternidad será uno de los mayores gozos admirar el amor infinito que Dios muestra a María, de quien El quiso ser Hijo con toda propiedad como lo es del Padre. El ser la Madre de Dios constituye por sí mismo, más que cualquier otro privilegio, una prueba del incomparable amor de Dios a María.

Debemos regocijarnos con ella por la felicidad con que este amor llena su corazón. Pidámosle que nos obtenga de Dios el devolverle su amor con algo de aquella generosidad y fervor con que ella le amaba.

LA PALABRA DE DIOS

"Cuando llegó la plenitud de los tiempos, Dios envió a su Hijo, el cual nació de mujer . . . para que así llegáramos a ser hijos adoptivos de Dios." — *Gá 4, 4-5*

"¡Canta alegre . . . hija de Jerusalén! . . . pues contigo está Yavé, rey de Israel."

—*Sof 3, 14-15*

"El Verbo se hizo carne, y habitó entre nosotros. Hemos visto su gloria, la que corresponde al Hijo Unico cuando su Padre lo glorifica. En él estaba la plenitud del Amor y de la Fidelidad." —*Jn 1,14*

"[Maria] dio a luz a su primogénito, lo envolvió en pañales y lo acostó en una pesebrera, porque no había lugar para ellos en la sala común." —*Lc 2, 7*

ORACIONES

Oración propia de la Novena

¡TE saludo, siempre Virgen María, Madre de Dios, trono de gracia, milagro del poder altísimo! ¡Te saludo, santuario de la Santísima Trinidad y Reina del universo, madre de misericordia y refugio de los pecadores!

Amable Madre, atraído por tu belleza, dulzura y tierna compasión, acudo a ti confiadamente yo, pobre infeliz, y te pido me alcances de tu querido Hijo la gracia particular que pido en esta novena *(Mencione el favor que desea)*.

Obtenme también, ¡oh Reina de los cielos! el más profundo arrepentimiento de mis numerosos pecados y la gracia de imitar fielmente las virtudes que tú practicaste con tanta perfección, especialmente la humildad, pureza y obediencia. Sobre todo, te suplico seas mi madre y protectora, me recibas en el número de tus fervientes hijos y me guíes desde tu trono de gloria.

No deseches mis peticiones, Madre de misericordia. Compadécete de mí y no me abandones ni en vida ni en muerte.

Hija del eterno Padre, Madre del eterno Hijo, Esposa del Espíritu Santo, Templo de la Trinidad adorable, ruega por mí. Corazón

Inmaculado de María, lleno de compasión, refugio de los necesitados y esperanza de los pobres. Con el más profundo rcspcto, amor y gratitud, me consagro para siempre a tu servicio y te ofrezco mi corazón, cuanto soy y poseo.

Acepta este ofrecimiento, dulce Reina del Cielo, y alcánzame de tu querido Hijo, nuestro Señor Jesucristo, la gracia que te pido en esta novena. Obtenme también un tierno, generoso, constante amor a Dios; perfecta sumisión a su adorable voluntad, verdadero espíritu cristiano y la gracia de la perseverancia final. Amén.

Memorare

ACUERDATE, piadosísima Virgen María, que nunca se ha oido decir que uno solo de cuantos han acudido a tu protección implorando tu ayuda o solicitando tu intercesión haya sido desamparado. Inspirado con tal confianza acudo a ti, oh Virgen de las vírgenes, Madre mía. A ti vengo, me presento ante ti, arrepentido de mis pecados. ¡Oh Madre del Verbo Encarnado! no desprecies mis peticiones, antes bien escúchalas y respóndeme. Amén.

Consagración

SANTÍSIMA Virgen, con todo mi corazón te venero por encima de todos los ángeles y santos del Cielo como la Hija del eterno Padre y te consagro mi alma con todas sus virtudes. *Dios te salve María*, etc.

Santísima Virgen María, con todo mi corazón te venero por encima de todos los ángeles y santos del cielo como Madre del Hijo unigénito, y te consagro mi cuerpo con todos sus sentidos. *Dios te salve María,* etc.

Santísima Virgen, con todo mi corazón te venero por cncima de todos los ángeles y santos del cielo como la Esposa del Espíritu Santo y te consagro mi corazón con todos sus afectos, pidiéndote me obtengas de la Santísima Trinidad todas las gracias que necesito para mi salvación. *Dios te salve María,* etc.

Letanía

SEÑOR, ten piedad. *Cristo, ten piedad.*
Señor, ten piedad.
Cristo, óyenos.
Cristo, escúchanos.
Dios, Padre celestial, *ten piedad de nosotros.*
Dios, Hijo, Redentor del mundo, *ten piedad de nosotros.*
Dios, Espíritu Santo, *ten piedad de nosotros.*
Trinidad Santa, un solo Dios, *ten piedad de nosotros.*
Santa María, *ruega por nosotros.**
Santa Madre de Dios,
Santa Virgen de las vírgenes,

**Ruega por nosotros* se repite después de cada invocación.

Madre de Cristo,
Madre de la Iglesia,
Madre de la misericordia,
Madre de la divina gracia,
Madre de la esperanza,
Madre purísima,
Madre castísima,
Madre inviolada,
Madre virgen,
Madre inmaculada,
Madre amable,
Madre admirable,
Madre del buen consejo,
Madre del Creador,
Madre del Salvador,
Virgen prudentísima,
Virgen digna de veneración,
Virgen digna de exaltación,
Virgen poderosa,
Virgen clemente,
Virgen fiel,
Espejo de justicia,
Trono de la sabiduría,
Causa de nuestra alegría,
Vaso espiritual,
Vaso digno de honor,
Vaso insigne de devoción,
Rosa mística,
Torre de David,
Torre de marfil,
Casa de oro,
Arca de la alianza,
Puerta del cielo,
Estrella de la mañana,
Salud de los enfermos,
Refugio de los pecadores,
Consuelo, de los migrantes,
Consoladora de los afligidos,
Auxilio de los cristianos,
Reina de los Angeles,
Reina de los Patriarcas,
Reina de los Profetas,
Reina de los Apóstoles,
Reina de los Mártires,
Reina de los Confesores,
Reina de las Vírgenes,
Reina de todos los Santos,

Reina concebida sin pecado original,
Reina asunta al Cielo,
Reina del Santísimo Rosario,
Reina de las familias,
Reina de la paz,
Cordero de Dios, que quitas los pecados del mundo, *perdónanos, Señor.*
Cordero de Dios, que quitas los pecados del mundo, *escúchanos Señor.*
Cordero de Dios, que quitas los pecados del mundo, *ten piedad de nosotros.*

℣. Ruega por nosotros, Santa Madre de Dios.
℟. *Para que seamos dignos de las promesas de Jesucristo.*

OREMOS: Te pedimos, Señor, que nosotros, tus siervos, gocemos siempre de salud de alma y cuerpo; y por la intercesión de Santa María, la Virgen, líbranos de las tristezas de este mundo y concédenos las alegrías del Cielo. Por Jesucristo nuestro Señor.

℟. *Amén.*

13. NUESTRA SEÑORA DEL PERPETUO SOCORRO

MEDITACION

ESTA pintura milagrosa de la Madona y el Niño se halla sobre el altar mayor de la iglesia de los Padres Redentoristas en Roma. Antes fue propiedad de un rico comerciante de Creta, luego pasó a Roma y con el tiempo quedó entronizada en la iglesia de San Mateo. Durante trescientos años, multitudes de peregrinos han acudido desde lejos a ver este cuadro, origen de muchas curaciones. En 1812, la iglesia quedó arrasada y durante cincuenta y cuatro años nadie supo donde estaba el cuadro. Cuando lo hallaron, el Papa Pio IX lo entregó a los Padres Redentoristas para su iglesia, en el mismo sitio donde antes habían venerado de modo especial a María bajo la advocación de Nuestra Señora del Perpetuo Socorro.

La pintura milagrosa tiene forma de ícono. A uno y otro lado de la cabeza de la Virgen se ven dos ángeles, conocidos como San Miguel y San Gabriel, que llevan en sus manos, ocultas con un velo, los instrumentos de la Pasión de Cristo, la Cruz, la lanza y la esponja. Fue probablemente un artista griego del siglo XIII o XIV quien pintó el cuadro.

Se invoca a Maria como Nuestra Señora del Perpetuo Socorro, porque proporciona ayuda a los cristianos, incluso en el orden material. Aun cuando ahora está entronizada en el Cielo, sigue interesándose por nuestros sufrimientos y alivia nuestros males.

María nos proporciona ayuda especialmente en las necesidades espirituales. Es

Madre misericordiosísima, que no rechaza a ningún pecador. Se interesa amablemente por nosotros y busca reconciliarnos con su Hijo cuando pecamos. Nos asiste en la tentación. Nos confirma en el bien y nos obtiene la gracia de progresar en la senda de la virtud, pues lo que ella más desea es que todos participemos de los frutos de redención que nos ganó su Hijo. En nuestros esfuerzos por alcanzar la santidad, ella nos auxilia y nos obtiene la gracia de la perseverancia. Nada podemos pedir de su mayor agrado o que ella quiera concedernos más gustosamente que la gracia de hacer el bien.

Sobre todo, María nos asistirá en la hora de la muerte, que es el momento más importante de nuestra vida, ya que de él puede depender la eternidad. Como ensalzada Reina de los cielos, acoge bajo su manto protector las almas de sus fieles, los acompaña al tribunal de su Hijo y allí les sirve de intercesora.

María sigue siendo en el Cielo la Madre de Dios como lo fue en la tierra. Jesús, que es la omnipotencia misma, sigue siendo su Hijo por toda la eternidad. Ahora incluso nos ama con mayor intensidad y compasión, porque en el Cielo conoce mejor nuestros sufrimientos. Alcanza suave descanso para todos los que están cargados con penas y tribulaciones; consuela a los afligidos y cura a los enfermos.

María es nuestra Madre del Perpetuo Socorro y por eso debemos tener en ella confianza ilimitada. Puede ayudarnos porque sus peticiones todo lo obtienen ante Dios y nos ayudará porque es nuestra Madre: nos ama como a hijos suyos.

LA PALABRA DE DIOS

"¿Puede una mujer olvidarse del niño que cría, o dejar de querer al hijo de sus entrañas? Pues bien, aunque se encontrara alguna que lo olvidase, ¡Yo nunca me olvidaría de ti!"

— *Is 49, 15*

"Se acabó el vino. . . . Entonces la Madre de Jesús . . . dijo a los sirvientes: 'Hagan todo lo que él les mande'." — *Jn 2, 3-5*

"Feliz el hombre que me escucha y se presenta a mi puerta cada día. . . . Porque el que me encuentra, encuentra la vida: él ha recibido el favor de Yavé." — *Pr 8, 34-35*

ORACIONES

Oración propia de la Novena

MADRE del Perpetuo Socorro, a tus pies está un pecador que acude a ti confiadamente. Madre de misericordia, ten compasión de mí. Oigo a todos llamarte refugio y esperanza de los pecadores. Seas tú mi refugio y esperanza. Por amor de Jesucristo, tu Hijo, ayúdame.

Tiende tu mano a este pecador que se encomienda a ti y se consagra a tu servicio para siempre. Alabo y doy gracias a Dios que en su misericordia me ha dado esta confianza en ti, prenda segura de mi salvación eterna.

Reconozco que, tiempos atrás, yo, desgraciado y malo, he caído en pecado por no haber acudido a ti. Pero sé que con tu ayuda podré superarme. Temo que ante las ocasiones de pecado pueda menospreciar tu llamada y correr el riesgo de perderme.

Te pido esta gracia, te la suplico del mejor modo y con el mayor interés que puedo: que cuantas veces me ataque el demonio pueda yo siempre recurrir a ti. ¡Oh María! ¡Ayúdame! ¡Oh Madre del Perpetuo Socorro! No permitas que me separe de Dios.

3 Ave Marías

Madre del Perpetuo Socorro, ayúdame siempre a invocar tu santo nombre, pues tu nombre es ayuda de los que viven y salvación de los moribundos. Purísima, dulcísima María, concédeme que tu nombre de hoy en adelante sea para mí verdadero aliento de vida. Señora muy amada, no tardes en venir a socorrerme cuando te invoco, pues en todas las tentaciones que me aflijen, en todas las necesidades de mi vida, siempre te invocaré repitiendo: "¡María!"

¡Cuánto ánimo, qué suavidad, confianza y consuelo siente mi alma al oir tu nombre, al pensar en ti! Doy gracias al Señor, que en prueba de amor por mí te ha dado un nombre tan suave, tan amable y poderoso. Pero no me basta con mencionar tu nombre; te invocaré porque te amo. Amor que me impulsa a llamarte Madre del Perpetuo Socorro. *3 Ave Marías*

Madre del Perpetuo Socorro, eres la dispensadora de todas las gracias que Dios nos concede en los sufrimientos. Por eso, te hizo tan poderosa, tan rica y tan amable que puedas ayudarnos en nuestras necesidades. Eres la abogada de los más desdichados y abandonados pecadores, con solo acudir a ti. Ven y ayúdame, pues a ti me encomiendo.

Pongo en tus manos mi salvación eterna; te encomiendo mi alma. Cuéntame entre tus servidores más fieles. Recíbeme bajo tu amparo. Esto me basta. Con tu protección nada temo: ni siquiera mis pecados, porque tú me obtendrás perdón e indulgencia; ni los malos espíritus, porque tú eres más poderosa que todos los poderes del Infierno; ni aun el Juicio de Jesús, porque una súplica tuya le aplacará.

Temo únicamente que por mi propia negligencia me olvide de encomendarme a ti y pierda mi alma. Mi señora amadísima, obtenme el perdón de mis pecados, amar a Jesús, la perseverancia final y la gracia de acudir a ti en todo momento, Madre del Perpetuo Socorro. *3 Ave Marías*

(San Alfonso María de Ligorio)

—FEBRERO—

14. NUESTRA SEÑORA DE LOURDES Y BERNARDITA

(11 de Febrero)

MEDITACION

DEL 11 de Febrero al 16 de Julio de 1850 la Virgen Santísima bajó del Cielo dieciocho veces y se apareció en Lourdes a Bernardita Soubirous, muchachita de catorce años. El 11 de Febrero, mientras estaba recogiendo leña, Bernardita oía silvar el viento. Con ojos atónitos vió un nicho en la parte superior de la roca, lleno de luz dorada. En medio estaba de pie una Señora de extraordinaria belleza.

Su vestido resplanedecía con el fulgor de la nieve iluminada por el sol y descendía majestuosamente replegado hasta el suelo. Ajustado a su cabeza y hombros un velo blanco que caía a lo largo del vestido. La cintura ceñida de una faja azul, ancha y sin adorno a los extremos, bajaba casi hasta el frente de los pies. Sobre estos, una rosa de oro finísimo. De su brazo derecho colgaba un rosario de cuentas blancas, con cruz y cadena de oro. Manos abiertas y brazos ligeramente inclinados adelante.

En sus apariciones nuestra Señora pedía oración y penitencia por los pecadores. El día 25 de Marzo, fiesta de la Anunciación, la Santísima Virgen declaró su nombre a Bernardita y al mundo, respondiendo a la pregunta que le hizo Bernardita aquel día: "Señora, sería tan amable y me dice ¿quién es?" Así describe Bernardita lo ocurrido en aquella aparición: "Tres veces pregunté el nombre a la Aparecida. A la tercera, extendió sus manos, que había tenido recogidas hasta aquel momento, las levantó y dijo: '¡Soy la Inmaculada Concepción!' " Luego, terminado ya su gran mensaje al mundo, la Señora sonrió a Bernardita y desapareció, sin más palabras de despedida.

El 8 de Diciembre de 1854,—no habían pasado todavía cuatro años desde las apariciones,—el Papa Pio IX había proclamado que María en el primer instante de su Concepción fue preservada de pecado original por los méritos de su Hijo divino. En Lourdes, la Virgen María había venido a confirmar la proclamación del Vicario de Cristo en la tierra y ella misma se declaraba no sólamente concebida sin mancha. Más aún "la Inmaculada Concepción".

El 30 de Octubre de 1867, Bernardita hacía su profesión religiosa en el convento de la Congregación de Hermanas de Nevers, Francia. En Enero de 1873 Bernardita cayó enferma.

El 16 de Abril, hacia las tres de la tarde, Bernardita oraba: "Santa María, Madre de Dios, ruega por mí, pobre pecadora." Hizo la señal de la Cruz, tomó el vaso de agua que le alcanzaban, por dos veces tragó unas gotas y reclinando suavemente la cabeza entregó el alma a su Creador.

Bernardita moría agotada de sufrimientos físicos el 16 de Abril de 1873, a los 36 años. Ahora se puede ver su cuerpo incorrupto, como quedó al morir en la capilla lateral de la Casa Madre de las Hermanas de la Caridad de Nevers, donde vivió y murió como Hermana María Bernarda. Treinta años después de su muerte al desenterrar su cuerpo lo hallaron incorrupto, prenda indudable de amor por parte de la Inmaculada María. Fue beatificada en 1925 y la canonizó Pio XI el 8 de Diciembre de 1933. Su fiesta se celebra el 18 de Febrero.

LA PALABRA DE DIOS

"Tú visitas la tierra y le das agua y le entregas riquezas abundantes." — *Sal 65, 10*

"Pues ahora he escogido y santificado esta Casa, para que en ella permanezca mi Nombre para siempre. Allí estarán mis ojos y mi corazón todos los días." — *2 Cr 7, 16*

"Mi deleite está con los hijos de los hombres." — *Pr 8, 31*

ORACIONES

Oración propia de la Novena

MARIA, Madre de Dios, yo creo firmemente en la doctrina de la Santa Madre Iglesia sobre la Inmaculada Concepción: Tú fuiste, desde el primer instante de tu concepción, por singular gracia y privilegio de Dios, en atención de los méritos de Jesucristo, el Salvador del mundo, preservada intacta de toda mancha de pecado original.

La única entre los descendientes de Adán enriquecida con la plenitud de la gracia santificante que la hizo objeto de especial amor por parte de Dios. ¡Qué maravillosas fueron las obras del poder de Dios para hacerte morada digna del Redentor del mundo! Sin inclinación al mal, con profundo anhelo de las más altas virtudes, diste a Dios más gloria que todas las demás criaturas. Desde el primer instante de tu concepción, tu mente quedó inundada de luz divina y tu voluntad totalmente conforme a la voluntad de Dios.

Contigo doy gracias a Dios por tan admirables bendiciones. Ayúdame a imitar de algún modo tu perfección. Tu santidad, resultado del privilegio de tu Inmaculada Concepción, y de la gracia santificante, es también consecuencia del don de ti misma a Dios y tu constante cooperación a sus gracias. Fomenta mi generosidad con Dios haciendo fructificar las gracias que El me otorgue y levantándome rápidamente de mis caídas, con renovada confianza en su misericordia.

Inmaculada siempre Virgen, Madre de misericordia, salud de los enfermos, refugio de los pecadores, consuelo de los afligidos, tú conoces mis necesidades, mis tribulaciones y sufrimientos. Dígnate mirarme con ojos de misericordia.

Con tus apariciones te has dignado convertir la Gruta de Lourdes en santuario privilegiado donde multiplicas tus gracias. Muchos pacientes han obtenido la curación de sus enfermedades espirituales y corporales. Acudo por eso con ilimitada confianza implorando tu maternal intercesión.

Alcánzame, ¡oh amadísima Madre! estas mis peticiones. En agradecimiento me esforzaré en imitar tus virtudes a fin de participar algún día de tu gloria.

Por la amable compasión que has mostrado a los millares de peregrinos que acuden a tu santuario de Lourdes, y por el especial amor a tu fiel Bernardita, te pido que, si es voluntad de Dios, me concedas esta gracia *(Mencione el favor que desea)*.

¡Nuestra Señora de Lourdes! Ayúdame intercediendo ante tu Hijo a que yo sea verdadero hijo tuyo, como lo fue Bernardita, y hacerme cada día más semejante a ti.

Oración a Santa Bernardita

SANTA Bernardita, pastorcita de Lourdes, favorecida con el privilegio de dieciocho apariciones de la Inmaculada Virgen María y amable conversación con ella, ahora que disfrutas para siempre de la belleza encantadora de la Inmaculada Madre de Dios, no te olvides de mí, tu devoto, viviendo todavía en este valle de lágrimas.

Intercede para que yo también vaya por los sencillos caminos de la fe. Ayúdame a imitar tu ejemplo, como lo pidió la Reina del Cielo, rezando el Rosario diariamente y haciendo penitencia por los pecadores.

Enséñame a imitar tu admirable devoción a Dios y a nuestra Señora, la Inmaculada Concepción, para que, como tú, pueda yo recibir la gracia de fidelidad constante y disfrutar en el Cielo de la felicidad eterna viendo a Dios Padre, Hijo y Espíritu Santo. Amén.

Oración

DIOS de misericordia infinita, celebramos la festividad de María, Nuestra Señora de Lourdes, la Inmaculada Madre de Dios. Que sus plegarias nos ayuden a superar nuestra debilidad humana. Te lo pedimos por Jesucristo, tu Hijo, nuestro Señor, que vive y reina contigo y el Espíritu Santo, Dios, por los siglos de los siglos. Amén.

—JUNIO—

15. EL INMACULADO CORAZÓN DE MARÍA

(Sábado siguiente al Segundo Domingo de Pentecostés)

MEDITACION

CUALQUIER manera de venerar a la Santísima Virgen está siempre dirigida a su persona. Por consiguiente, al venerar el Inmaculado Corazón de María, reverenciamos no sólo el corazón físico, real, de nuestra Santísima Madre sino también su persona como fuente y fundamento de todas sus virtudes. Honramos expresamente su Corazón como símbolo de su amor a Dios y a los demás.

Hay textos en la Biblia que son los primeros en sugerir la veneración al Inmaculado Corazón de María. Después que los pastores llegaron al pesebre, leemos: "María . . . observaba cuidadosamente estos acontecimientos y los guardaba en su *corazón*" (Lc 2, 19).

Después que María y José encontraron a Jesús, ya de doce años, en el Templo, "volvió con ellos a Nazaret, donde vivió obedeciéndoles. Su madre guardaba fielmente en su *corazón* todos estos recuerdos"(Lc 2, 51).

Cuando Jesús fue presentado en el Templo, predijo el anciano Simeón: "Y a ti misma una espada te atravesará el alma" (Lc 2, 35). Palabras que se hicieron realidad bajo la Cruz, pues cuando el Corazón de Jesús fue perforado por la lanza, el Corazón de la Santísima Madre fue traspasado por una espada de dolor. El Corazón de Jesús latió por primera vez en el refugio del purísimo Corazón de María, su Madre, y este purísimo Corazón también recibió en espirítu el último palpitar del Corazón de Jesús.

Como ha querido el Sagrado Corazón que esté con El en el Cielo el amante Corazón de su Madre, así desea que se le honre a ella juntamente con El en la tierra.

En una de las primeras apariciones de Fátima, en 1917, dijo nuestra Señora que Lucía iba a quedarse en la tierra un poco más tiempo para propagar la devoción al Inmaculado Corazón de María.

En la tercera aparición de Fátima, el 13 de Julio, del mismo año, la Santísima Virgen dijo a Lucía: "Nuestro Señor quiere que se establezca en el mundo la devoción al Corazón Inmaculado. Si se hace lo que te digo, se salvarán muchas almas y habrá paz; terminará la guerra. . . . Quiero que se consagre el mundo a mi Corazón Inmaculado y que en reparación se comulgue el primer sábado de cada mes. . . . Si se cumplen mis peticiones, Rusia se convertirá y habrá paz. . . . Al final triunfará mi Corazón Inmaculado y la humanidad disfrutará de una era de paz."

El 31 de Octubre de 1942 el Papa Pío XII, al clausurarse la solemne celebración en honor de las Apariciones de Fátima, conforme al mensaje de éstas, consagró el mundo al Inmaculado Corazón de María. Los Papas Pablo VI y Juan Pablo II han repetido la misma consagración.

Poco antes de morir Jacinta, de diez años, dijo a Lucía: "A mí me queda poco tiempo para ir al Cielo, pero tú te vas a quedar aquí abajo para dar a conocer al mundo que nuestro Señor desea que se establezca en el mundo la devoción al Corazón Inmaculado de María.

"Diles a todos que pidan esta gracia por medio de ella y que el Corazón de Jesús desea ser venerado juntamente con el Corazón de su Madre. Insísteles en que pidan la paz por medio del Inmaculado Corazón de María, pues el Señor ha puesto en sus manos la paz del mundo."

Por obediencia a su superior eclesiástico y a su confesor, Lucía reveló parte del secreto que le había confiado nuestra Señora, referente a la devoción al Inmaculado Corazón de María.

El Papa Pío XII en 1945 instituyó la fiesta del Inmaculado Corazón de María, que comenzó a celebrarse el 22 de Agosto. Ahora tiene lugar el Sábado siguiente al Segundo Domingo de Pentecostés.

LA PALABRA DE DIOS

"La hija del rey, vestida de brocados, a real aposento es conducida." — *Sal 45, 15*

"Es un reflejo de la luz eterna, un espejo limpio de la actividad de Dios, una imagen de su perfecta bondad." — *Sab 7, 26*

"Su madre guardaba fielmente en su corazón todos estos recuerdos." — *Lc 2, 51*

ORACIONES

Oración propia de la Novena

CORAZÓN Inmaculado de María, desbordante de amor a Dios y a la humanidad, y de compasión por los pecadores, me consagro enteramente a ti. Te confío la salvación de mi alma.

Que mi corazón esté siempre unido al tuyo, para que yo odie el pecado, ame a Dios y al prójimo y alcance la vida eterna juntamente con aquellos que amo.

Medianera de todas las gracias, y Madre de misericordia, recuerda el tesoro infinito que tu divino Hijo ha merecido con sus sufrimientos y que nos confió a nosotros sus hijos.

Llenos de confianza en su maternal corazón, que yo venero y amo, acudo a ti en mis apremiantes necesidades. Por los méritos de tu amable Corazón y por amor al Sagrado Corazón de Jesús, obtenme la gracia particular que pido *(Mencione el favor que desea)*.

Madre amadísima, si lo que pido no fuere conforme a la voluntad de Dios, intercede para que se me conceda lo que sea de mayor bien para mi alma.

Que yo experimente la bondad maternal de tu Corazón y el poder de tu intercesión ante Jesús ahora en vida y en la hora de la muerte. Amén.

Peticiones

¡VIRGEN Inmaculada, concebida sin pecado! Los movimientos de tu Sagrado Corazón fueron siempre dirigidos a Dios y obedientes a su divina voluntad.

Obtenme la gracia de odiar el pecado con todo mi corazón y aprender de ti a vivir en perfecta conformidad con la voluntad de Dios.

¡María! Admiro la profunda humildad que turbó tu purísimo Corazón al anunciarte el ángel Gabriel que eras la escogida para ser la Madre del Hijo del Altísimo. No te consideraste más que humilde esclava de Dios.

Mi propia altanería me avergüenza. Te suplico me concedas la gracia de un corazón contrito y humillado para que reconozca mi bajeza y alcance la gloria prometida a los verdaderos humildes de corazón.

¡Santísima Virgen! Guardaste en tu Corazón el precioso tesoro de las palabras de Jesús, tu Hijo, y meditando los sublimes misterios que contienen, viviste únicamente para Dios. ¡Me avergüenza la frialdad de mi corazón!

Querida Madre, obtenme la gracia de meditar siempre en la santa

Ley de Dios y procurar seguir su ejemplo practicando con fervor todas las virtudes cristianas.

¡Gloriosa Reina dc los Mártires! Durante la pasión de tu Hijo, traspasó cruelmente tu Corazón la espada que te había anunciado el santo anciano Simeón. Obtenme un corazón magnánimo y de santa paciencia para sobrellevar los sufrimientos, pruebas y dificultades de esta vida.

Que yo me porte como verdadero hijo tuyo crucificando la carne y todos sus deseos con la mortificación de la Cruz.

¡María, Rosa mística! Tu amable Corazón ardiendo con vivo fuego de amor nos adoptó por hijos suyos al pie de la Cruz y por eso eres nuestra más tierna Madre.

Hazme sentir la dulzura de tu maternal Corazón y el poder de tu intercesión ante Jesús en todos los peligros que encuentre durante la vida, en particular en la hora temida de la muerte.

Que mi corazón esté siempre unido al tuyo y ame a Jesús ahora y por siempre. Amén.

Oración

¡PADRE celestial! Preparaste el Corazón de la Virgen María para ser morada de tu Espíritu Santo. Que por su intercesión nuestra alma llegue a ser templo más propio de tu gloria. Te lo pedimos por Jesucristo, tu Hijo, que vive y reina contigo y el Espíritu Santo, Dios, por los siglos de los siglos. Amén.

—AGOSTO—

16. LA ASUNCIÓN DE MARÍA

(15 de Agosto)

MEDITACION

LA Santísima Virgen María se sometió a la ley de *muerte*, si bien que para ella no fue más que un tranquilo sueño, dulce separación de alma y cuerpo. Su alma alcanzó tal grado de amor que no parecía posible más que descansar en el feliz encuentro con la Santísima Trinidad. Salió de su cuerpo inmaculado y voló a disfrutar de la visión de Dios. Pronto su preciosa alma volvió a unirse con el cuerpo, que reposaba tranquilo en el sepulcro. Al punto María se levantó inmortal y gloriosa, vestida de regio esplendor.

Mientras los ángeles cantaban himnos de alabanza, María, elevada por el propio poder de Dios, *subía a las alturas* hasta el Reino glorioso. ¿Quién podrá expresar el gozo de aquel adorable abrazo con que Jesús recibió a su propia Madre Virgen y la condujo a la eterna unión con El en la gloria?

Los Apóstoles habían abierto la tumba de María. Estaba vacía. Refiere la Tradición que flores hermosas cubrían el lugar donde se había puesto su cuerpo. En torno oían música del Cielo. Entonces los Apóstoles se convencieron de que alma y cuerpo estaban ya en la Gloria.

Justo era que María subiese al Cielo en alma y en cuerpo. Con la Asunción, Dios honraba aquel cuerpo donde El había habitado con plenitud de gracia. Era la puerta por donde el Hijo de Dios, Verbo Divino, había entrado en el mundo al hacerse Hombre.

Justo era que el cuerpo santo y virginal de María, que había dado carne y sangre al Dios de toda santidad, al vencedor de la muerte, nunca experimentase la corrupción del sepulcro. Muerte y corrupción son consecuencias del pecado original. María, por su Concepción Inmaculada, había sido exenta del pecado original y de sus efectos.

María ofreció los propios sufrimientos y la muerte de su Hijo por la redención del mundo. Convenía, pues, que estuviese unida con El en gloria.

Debemos alegrarnos de que, terminados los años de sufrimientos en este mundo, María pasara finalmente a ocupar el trono que le estaba preparado para reinar con su Hijo. La Iglesia expresa este gozo en la solemne fiesta de la Asunción de la Virgen María el 15 de Agosto, día también de religiosa obligación.

LA PALABRA DE DIOS

"Sabemos que, al destruirse la casa terrenal o, mejor dicho, nuestra tienda de campaña, Dios nos tiene reservado un edificio no levantado por mano de hombre, una casa para siempre en los cielos." *—2 Co 5, 1*

"María escogió la parte mejor, la que no le será quitada." —*Lc 10, 42*

"Apareció en el cielo una señal grandiosa: una *Mujer*, vestida del sol, con la luna bajo los pies y en su cabeza una corona de doce estrellas." —*Ap 12, 1*

ORACIONES

Oración propia de la Novena

MARIA, Reina asunta al Cielo, me alegro de que, pasados los años de heroico martirio en la tierra, hayas sido finalmente elevada al trono que la Santísima Trinidad te había preparado en los cielos.

Levanta mi corazón contigo a la gloria de tu Asunción donde no alcance la terrible garra del pecado y la impureza. Enséñame lo pequeña que resulta la tierra cuando se mira desde el Cielo. Que yo me de cuenta de que la muerte es el arco de triunfo por el cual he de pasar hasta llegar a tu Hijo y de que algún día mi cuerpo se volverá a unir con el alma para ser feliz eternamente en el Cielo.

Desde la tierra por donde ando como un peregrino levanto mis ojos pidiendo auxilio. En honor de tu Asunción al Cielo te pido esta gracia *(Mencione el favor que desea)*.

Cuando me llegue la muerte, llévame sin peligro a la presencia de Jesús para disfrutar de la visión de mi Dios por toda la eternidad junto a ti.

Oración a la Reina de los cielos y tierra

MARIA, Asunta al Cielo, te venero Reina de cielos y tierra. Tu propio Hijo te llevó a su trono de gloria en el Cielo, cerca del suyo. Como experimentaste la amargura de la pena y dolores con El en la tierra, ahora disfrutas de la felicidad eterna con El en los cielos. Doy gracias a Jesús por haber colocado sobre tu cabeza la corona más bella mientras que todos los ángeles y Santos te aclaman por su Reina.

Por haber participado aquí abajo de los misterios de nuestra Redención, Jesús te ha coronado de gloria y poder. Te colocó a su derecha para que dispongas de los tesoros de gracia por el título sin igual: Madre de Dios.

En medio de todos los Santos surges como nuestra Reina, más querida al Corazón de Dios que ninguna otra criatura del Reino de los Cielos. Oras por tus hijos y les distribuyes todas las gracias que nos ganó nuestro querido Salvador en la Cruz.

Reina asunta al Cielo, que tu gloriosa belleza llene mi corazón que me desapegue de todas las cosas de este mundo y ponga ardiente deseo de los gozos celestiales.

Que tus ojos misericordiosos miren mis esfuerzos y debilidad en este valle de lágrimas. Corónome con puro manto de inocencia y gracia aquí y con gloria para siempre en el Cielo.

Oración a María Asunta al Cielo

MARIA, Madre querida y Reina poderosa, acepta mi pobre corazón con su libertad y todos sus deseos, su amor, sus virtudes y gracias con que pueda enriquecerse. Todo lo que soy y lo que llegue a ser, lo que tengo y poseo en el orden material y de gracia lo he recibido de Dios por tu amable intercesión, mi Señora y Reina. Todo lo pongo en tus manos soberanas para que vuelva a su noble origen.

María, Reina de todos los corazones, acepta lo que soy y sujétame a ti con lazos de amor, para que sea tuyo por siempre y pueda decir de verdad: "Soy de Jesús por María."

Madre mía Asunta al Cielo, yo te amo. Aumenta mi amor por Jesús y por ti.

María, Asunta al Cielo y Reina del universo, siempre Virgen Madre de Dios, por tu intercesión alcánzanos paz y salvación pues diste nacimiento a Cristo el Señor, el Salvador del mundo.

Oración

DIOS todopoderoso y eterno, elevaste a la gloria eterna el cuerpo y alma de la Virgen María, Madre de tu Hijo. Haz que nuestra mente esté siempre dirigida al Cielo y merezcamos tener parte en su gloria.

—OCTUBRE—

17. NOVENA DEL ROSARIO

(Nuestra Señora del Smo. Rosario, 7 de Oct.)

MEDITACION

EL Rosario es una de las prácticas piadosas que más agradan a la Santísima Virgen María. Los Papas lo han venido recomendando durante siglos. Se compone de varios elementos:

a) *Contemplación.* En unión con María se consideran una serie de Misterios de salvación, distribuídos en cuatro ciclos. Expresan el gozo de los tiempos mesiánicos, algunos acontecimientos de la Vida Pública de Jesús (llamados Misterios de

Luz o Misterios Luminosos*), los padecimientos de Cristo y la gloria del Señor resucitado con que se anima la Iglesia. Contemplación que por sí misma invita a reflexionar y viene a ser una norma de vida.

b) *La Oración del Señor*, o el Padre Nuestro, con su inmenso valor por ser la oración del cristiano, ennoblece esta oración en sus distintos Misterios.

c) *El Ave María*, que se repite como una letanía, está formada con las palabras del ángel a la Virgen (Lc 1, 28) y el saludo de Isabel (Lc 1, 42) seguida de una plegaria de la misma Iglesia. La continua serie de Ave Marías es característica especial del Rosario. Son dos cientos. Se rezan diez en cada Misterio.

d) *Gloria al Padre* es la doxología con que se termina cada Misterio glorificando a Dios Uno y Trino, de quien por quien y para quien todo ha sido hecho (Ro 11, 36).

---

* Añadidos a los Misterios del Rosario por el Papa Juan Pablo II en su Letra Apostólica de Octubre 16, 2002, titulada *El Rosario de la Virgen María*, e impresos aquí tomados de nuestro libro *Mi Novena del Rosario*, el cual en 2003 recibió el Imprimatur del Obispo de Paterson, Frank Rodimer.

El 13 de Octubre de 1917, en su sexta y última aparición, la Santísima Virgen insistió en que se rece el Rosario como medio eficaz para la conversión de Rusia y por la paz del mundo. Cuando Lucía preguntó: "¿Quién eres tú y qué deseas?", Nuestra Señora respondió: "Soy la Señora del Rosario y he venido a llamar la atención de los fieles para que enmienden sus vidas y se arrepientan de sus pecados. No debéis seguir ofendiendo a Nuestro Señor que ya está enojado. Recen el Rosario."

Son incontables los beneficios que por el rezo del Rosario han llovido sobre la humanidad a lo largo de los siglos. Por el Rosario, hoy como en otros tiempos de peligrosa amenaza para la civilización, María ha venido de nuevo a salvar a toda la humanidad de los males que pesaban sobre ella.

Pero el Rosario es particularmente bueno para recobrar la vida familiar en todo su esplendor, elevando la familia a nivel superior en que Dios es Padre, María Madre y nosotros hijos de Dios. El Rosario en familia es un medio práctico de reforzar la unión en la familia.

LA PALABRA DE DIOS

"¿Quién es ésta que surge como la aurora, bella como la luna, brillante como el sol, temible como un ejército?" *— Cnt 6, 10*

"Eres hermosa, amada mía, como Tirsa, encantadora como Jerusalén, imponente como tropas ordenadas." *— Cnt 6, 4*

"Escúchenme, hijos piadosos, y crezcan como rosal plantado al borde de un arroyo. Derramen perfume como el incienso, florezcan y den aroma como lirios, entonen un cántico, bendigan al Señor por todas sus obras." *— Sab 39, 13-14*

ORACIONES

Oración propia de la Novena

MARIA, Madre amadísima, mírame de rodillas a tus plantas. Dígnate aceptar este Santo Rosario que te ofrezco conforme a tus deseos manifiestos en Fátima, en prueba de mi tierna devoción a ti, por las intenciones del Sagrado Corazón de Jesús, en reparación de las ofensas causadas a tu Inmaculado Corazón, para obtener la gracia particular que pido en esta novena *(Mencione el favor que desea).*

Te suplico presentes mi petición a tu divino Hijo. Si tú lo pides no se me negará. Conozco, Madre amadísima, tu deseo de que acepte la voluntad de Dios a este respecto. Si no me conviene se me conceda lo que pido, intercede para que yo reciba lo que sea de mayor bien para mi alma.

Te ofrezco este "manojo de rosas" espiritual porque te amo. Pongo toda mi confianza en ti, porque tus oraciones ante Dios pueden mucho. Por la mayor gloria de Dios y por amor de Jesús, tu amado Hijo, escucha y concede mi petición. Dulce Corazón de María, sé la salvación mía.

EL SANTO ROSARIO

LA *Cruz:* En el nombre del Padre, etc. Creo en Dios, Padre todopoderoso, creador del cielo y de la tierra. Creo en Jesucristo, su único Hijo, nuestro Señor, que fue concebido por obra y gracia del Espíritu Santo, nació de Santa María Virgen; padeció bajo el poder de Poncio Pilato, fue crucificado, muerto y sepultado; descendió a los infiernos, al tercer día resucitó de entre los muertos; subió a los cielos y está sentado a la diestra de Dios Padre; desde allí ha de venir a juzgar a los vivos y a los muertos. Creo en el Espíritu Santo; la Santa Iglesia Católica; la

Comunión de los Santos, el perdón de los pecados, la resurrección de los muertos y la vida eterna. Amén.

La primera "cuenta" grande del Rosario: Padre nuestro, etc.

Las tres "cuentas" siguientes: Por un aumento de fe, esperanza y caridad. Ave María, etc. (*3 veces*).

Gloria al Padre, etc.

La plegaria de Fátima (al final de cada decena): "¡Oh Jesús mío! Perdona nuestros pecados, líbranos del fuego del Infierno, lleva todas las almas al Cielo y ayuda especialmente a los más necesitados de tu misericordia."

PRIMERO Y QUINTO DÍA

1er Misterio Gozoso

La Anunciación

Padre Nuestro . . .

¡OH Jesús! En la Anunciación Dios propuso el misterio de la Encarnación que iba a realizar en la Virgen Santísima apenas ella hubiese dado su consentimiento. Por medio del ángel Gabriel la invitaste a ser tu madre. Como si esperases la respuesta de la humanidad que tu querías unir a Ti.

Con plena fe, María da su respuesta: "Soy la esclava del Señor. Hágase en mí según tu palabra." En aquel momento Tú, Verbo divino, la Segunda Persona de la Santísima Trinidad, tomas carne de la Virgen María y te haces Hombre, pues el ángel le dijo: "El Espíritu Santo descenderá sobre ti y el poder del Altísimo te cubrirá con tu sombra; por eso, tu Hijo será Santo y con razón lo llamarán Hijo de Dios."

Es el mayor acontecimiento de la historia del mundo porque de ahí depende la salvación de toda persona. Te doy gracias por haberme amado hasta el extremo de hacerte Hombre para salvar mi alma. Te doy gracias por haber escogido a la Virgen María como Madre tuya. Este misterio le ha merecido el título más glorioso, el de Madre de Dios, que la hace todopoderosa contigo. Por la intercesión de tu Madre concédeme la gracia de salvar mi alma.

Dios te salve María *(Diez veces).*

Gloria al Padre . . .

"¡Oh Jesús mío! Perdónanos nuestros pecados, líbranos del fuego del Infierno, lleva todas las almas al Cielo y ayuda especialmente a los más necesitados de tu misericordia."

2° Misterio Gozoso

La Visitación

¡OH Jesús! En el plan de Dios la Visitación es la ocasión en que Tú revelas el hecho de tu Encarnación y el oficio de Madre como la dispensadora de todas las gracias. Hiciste el primer milagro desde el vientre de tu Madre, conmoviendo de júbilo a Juan, todavía no nacido, y haciendo a Isabel consciente de tu presencia. Trajiste gracia a este mundo y tu amor te indujo a concederla por medio de tu querida Madre. Fue Juan Bautista el primero en recibir este don por estar su misión tan íntimamente unida a tu Persona.

Por este Misterio Tú quieres mostrarnos que tu Madre es instrumento y medio por el cual nos impartes tus gracias. Creo que eres la fuente de todas las gracias, Cabeza del Cuerpo Místico de la Iglesia. Pero estas gracias llegan hasta nosotros los miembros por María, como si ella fuese el cuello del Cuerpo. Donde esté María allí fluyen manantiales de dones celestiales con mayor liberalidad y riqueza, porque con ella vas Tú, fuente de todas las gracias. Quieres que sea ella quien da tu gracia a los demás. Te doy gracias

9. **El Discurso sobre el Monte** — "Viendo Jesús a todo este gentío se subió a un monte. Habiéndose sentado, se le acercaron Sus discípulos, y abriéndo Su boca les enseñaba" — *Mt 5:1s.*

10. **Jesús Instituye la Sagrada Eucharistía** — Jesús "tomó el pan, dió las gracias, lo partió, y dióselo, diciendo: 'Este es Mi Cuerpo. . . . Hagan esto en memoria Mía' " — *Lc 22:19.*

11. **La Agonia en el Huerto** — Jesús "apartándose de ellos . . . hincadas las rodillas hacía oración. . . . Entones, se le apareció un ángel del cielo, que le confortaba" — *Lc 22:41ss.*

12. **Jesús Azotado y Coronado** — "Tomó entonces Pilato a Jesús, y mandó azotarle. Y los soldados formaron una corona de espinas entretejidas y se la pusieron sobre la cabeza" — *Jn 19:1s.*

por hacer a tu Madre la Mediadora de todas las gracias.

3er Misterio Gozoso
El Nacimiento de Nuestro Señor

¡OH Jesús! Con María y José me arrodillo devotamente en adoración al contemplarte reclinado en el pesebre. Deseas entrar en el mundo como Niño para presentarte como Hombre. Tu llanto, necesidad de reposo y alimento son otras tantas pruebas de que eres verdaderamente hombre. Te hiciste hombre para que nosotros podamos verte, oirte, acercarnos a Ti e imitarte. Sin dejar de ser Dios, ahora puedes sufrir por nosotros, reparar nuestros pecados y merecer gracias para nuestras almas. Por la carne se apartan los hombres de Dios, y es encarnándose como Dios los redime.

Te hiciste hombre también para hacernos semejantes a Dios. En cambio de la Humanidad que de nosotros tomas, deseas hacernos partícipe de tu Divinidad por la gracia santificante, para que seamos plena posesión tuya.

Que el misterio de tu Nacimiento me traiga la gracia de nacer de nuevo espiritualmente y vivir nueva vida divina, más libre de pecado y de cualquier apego a mí mismo y a las criaturas; vida únicamente para Dios. Como sirvió de gozo a María formar tu cuerpo en su seno, se goce ella ahora formándote en mi alma.

4° Misterio Gozoso

La Presentación en el Templo

¡OH Jesús! Por la unión de tu naturaleza humana con la segunda Persona de la Santísima Trinidad quedaste consagrado a Dios. No obstante, esta ceremonia de la Presentación es la primera consagración externa a tu misión sacerdotal. Como el Ungido del Señor, el tanto tiempo deseado de las naciones, te llevan por primera vez al Templo, la casa de tu Padre.

En brazos de tu Madre te ofreces al Padre celestial para ser la víctima de nuestra Redención, como luego ibas a continuar ofreciéndote diariamente en las Misas por manos de incontables sacerdotes.

Nadie puede oir las palabras que profieres mientras te ofreces a Ti mismo, pero los secretos pensamientos de tu Sagrado Corazón se manifiestan por labios de tu Santísima Madre, cuando ella te ofrece por la salvación del mundo.

El anciano Simeón, iluminado por el Espíritu Santo, te reconoce como Mesías. Gozosamente te alza en sus brazos mientras te proclama "luz para iluminar a todos los pueblos".

Humilde y fervorosamente te ofreces al Padre por manos del antiguo sacerdocio.

Nunca hubo en este Templo mejor ofrenda para Dios. La Santísima Trinidad y sus ángeles desde el Cielo lo contemplan con deleite.

5° Misterio Gozoso
Jesús hallado en el Templo

¡OH Jesús! Te veo como muchacho de doce años en el Templo, en medio de los doctores, admirados de tu sabiduría y encantados de tu personalidad. Aquí te encuentran María y José después de haberte buscado tres días con dolor.

Este Misterio me revela el amor ferviente y tierna reverencia para con tu Padre. Tu corazón está solo en Dios y no pretendes más que cumplir su voluntad; dejas de lado cualquier otra llamada.

Apareces en el Templo para demostrar que debes ocuparte de los asuntos de tu Padre. Aun cuando tienes una Madre a quien debes amable obediencia, tienes también un Padre, que es mayor. Su voluntad y mandatos están por encima de todo: glorificarle y salvar las almas. Esto es tu quehacer.

Que la gloria de Dios y la salvación de las almas, la mía en particular, sea la preocupación central de mi vida. Quiero poner mi corazón sólo en Dios amándole como Tú y hacer en todas las cosas su santa voluntad. Desarraigue yo de mi corazón los deseos de cosas mundanas y tenga Dios la preferencia en todas mis cosas, especialmente en mi amor.

SEGUNDO Y SEXTO DÍA

1er Misterio Luminoso

El Bautismo de Jesús en el Jordán

JESÚS, Juan el Bautista fue tu precursor para prepararte el camino. Juan exhortó a las gentes para que se apartaran del pecado y fueran bautizados porque el Reino de Dios estaba próximo. También les dijo que Tú eras mucho más grande de lo que era él y que pronto vendrías y los bautizarías en el Espíritu Santo y en el fuego. Así él preparó el camino para tu misión de salvación.

Un día te presentaste delante de Juan en el Jordán y le pediste que te bautizara para dar un buen ejemplo a todos. Después de tu bautismo, se abrieron los cielos y el Espíritu Santo descendió sobre Ti en forma de paloma. Mientras tanto se escuchó una voz del cielo que decía: "Tú eres mi Hijo amado, en quien tengo mis complacencias."

Señor, el Espíritu Santo descendió no para santificarte, mas según la tradición del Antiguo Testamento, para ungirte para tu misión futura. Este Espíritu le fue prometido al Rey Mesiánico de la casa de David y al Siervo Sufrido de Dios, por el Profeta Isaías. La voz del cielo proclamó que Tú eras el Rey-Mesías, el Amado, el Unigénito del cual habló el Profeta Isaías. Tu labor fue el sacrificio en la Cruz, que luego Tú llamaste tu "Bautismo."

Jesús, deseo seguir el consejo de tu Padre a los discípulos en tu Transfiguración y escucharte, no sólo cuando leo tu Evangelio y estudio tu doctrina y ejemplo, sino también cuando me hablas con tu gracia e inspiraciones. Concédeme la gracia de ser constante en mi obediencia y mantener mis Promesas Bautismales para poder progresar hacia la santidad.

2° Misterio Luminoso

La Autorrevelación de Cristo en las bodas de Caná

MARÍA, al comenzar el Ministerio Público de tu Hijo, fuiste con Jesús y sus discípulos a la boda de un amigo en Caná de Galilea. Hubo un momento en que los sirvientes encontraron que no había suficiente vino para todos los invitados.

Cuando te lo dijeron, tú llegaste hasta Jesús y sencillamente le dijiste: “No tienen vino.” Jesús te contestó, “Mujer [que era un término de amabilidad] ¿qué nos va a mí y a ti? Aún no ha llegado mi hora.” Sin embargo, tú, como la primera que creíste en Jesús, sabías que El haría algo para remediar la situación. Así dijiste a los servidores: “Haced lo que El os diga.”

Jesús hizo que los servidores llenaran de agua seis tinajas de piedra. Luego les dijo, “Sacad un poco de agua y llévenla al jefe de los servidores.” Lo que sacaron no fue agua sino un vino delicioso. Cuando el jefe de los servidores lo probó, éste le dijo al novio, “Por lo general la gente sirve primero el buen vino y cuando los invitados ya están bebidos, les sirven el vino más malo; pero tú has guardado hasta ahora el vino mejor."

Esta fue una señal del poder maravilloso que tenía Jesús y que El usó para ayudar a los demás. Y los discípulos también llegaron a creer en El.

Como respuesta a tu inocente pedido y por tu presta obediencia a todo lo que El decidiera, Jesús hizo este milagro y se reveló a Sí mismo. El vino señala la naturaleza Mesiánica de la misión de Cristo, porque el vino representa su sabiduría y enseñanza.

María, en este Misterio te mostraste en tu carácter exaltado de Abogado. Jesús recompensó tu confianza y resignación obrando su primer milagro cuando tú se lo pediste. En ello veo el plan de Dios de que en el Reino de tu Hijo todas las gracias se deben a tus manos y tu corazón.

Enséñame a buscar todas las cosas a través de ti, oh María, porque tu intercesión es muy poderosa y Cristo no puede negarte nada. Ayúdame a imitar tu celo ayudando a mi prójimo en sus necesidades y permíteme hacer siempre lo que Jesús me diga.

3er Misterio Luminoso

La Proclamación de Cristo del Reino de Dios

JESÚS, Tú comenzaste tu misión proclamando el Evangelio de Dios y diciendo: "Cumplido es el tiempo y el Reino de Dios está cercano; arrepentíos y creed en el Evangelio." Con tu llamada al perdón, inauguraste el ministerio de la caridad que Tú continuarías ejerciendo hasta el fin del mundo, especialmente a través del Sacramento de Reconciliación.

Después en el Sermón de la Montaña, Tú diste las condiciones necesarias para aquellos que desean entrar en tu Reino, especialmente las Ocho Bienaventuranzas. Ellos deben ser personas que (1) son pobres de espíritu, (2) lloran por otros, (3) poseen verdadera mansedumbre, (4) tienen hambre y sed de justicia, (5) muestran misericordia a otros, (6) manifiestan sinceridad de corazón, (7) actúan como verdaderos pacíficos, y (8) sufren persecución por tu nombre.

Tus palabras en las Bienaventuranzas contienen las enseñanzas de mayor importancia del Reino. Después las continuaste con palabras alentando a la gente a cumplir toda la ley de Dios, a perdonar a los enemigos, a hacer buenas obras solamente por Dios, a acumular tesoros en el cielo, a dar buenos frutos, a orar; a confiar en Dios y evitar preocupaciones innecesarias, a no juzgar a los demás y a hacer la voluntad de tu Padre.

Un día, mientras estabas predicando, una mujer de la multitud exclamó que tu Madre era bendita por haberte traído al mundo. Tú respondiste, "Más bien bienaventurados son los que escuchan la palabra de Dios y la cumplen." Así Tú indicaste que María era la más bienaventurada de todos porque ella había escuchado cada Palabra de Dios y la había cumplido.

Ayúdame a buscar el perdón de mis pecados y a llevar a cabo

todos mis deberes como miembro del Reino de Dios—pero sobre todo a escuchar tu Palabra y guardarla.

4° Misterio Luminoso
La Transfiguración de Nuestro Señor

JESÚS, un día Tú tomaste a Pedro, a Santiago y a Juan a lo alto de un monte lejos de todos los demás. Y te transfiguraste delante de ellos. Tu rostro brilló como el sol y tus vestidos se volvieron blancos como la luz. En tu faz hubo una majestad divina y Moisés y Elías descendieron del cielo para hablar contigo.

Luego una nube resplandeciente los cubrió y salió de la nube una voz que decía: “Este es mi Hijo

Amado, en quien tengo mi complacencia; escuchadle."

Los tres discípulos se prosternaron y lo adoraron, sobrecogidos de gran temor. Después Tú te acercaste a ellos y tocándolos les dijiste: "Levantaos, no temáis." Al levantar sus ojos sólo te vieron a Ti, rodeado de paz y luz. Luego Tú les ordenaste que no dijeran a nadie lo que habían visto y escuchado hasta que hubieras resucitado.

Jesús, en tu Transfiguración permitiste que un rayo de tu oculta Gloria Divina iluminara a través de tu cuerpo humano, al igual que el sol brilla a través de las nubes que tratan de ocultarlo. Tú sólo permitiste que por unos momentos se reconociera algo de la brillantez de tu Cuerpo glorificado después de tu Resurrección.

Moisés y Elías se aparecieron para rendirte homenaje y adorarte, puesto que la Ley (es decir, Moisés) y los Profetas (es decir, Elías) fueron tus servidores. Ellos vinieron para escuchar que Tú cumplirías la redención de toda la humanidad con tu Pasión y Muerte.

La nube resplandeciente y la gran voz fueron una solemne confirmación de tu Divinidad y tu Destino como Profeta y Pastor, ya que la presencia de una nube resplandeciente era una señal de la presencia de Dios. Al igual que cuando Juan te bautizó en el Jordán, ahora tu Padre da testimonio glorioso de su Hijo.

Jesús, permíteme cumplir lo que tu Padre ordenó que hicieran los Apóstoles—es decir, escucharte y experimentar tu Pasión y Resurrección y ser transfigurado por el Espíritu Santo. Permíteme llegar a ser una nueva Persona en Ti.

5° Misterio Luminoso

La institución por Cristo de la Eucaristía

JESÚS, al compartir la Ultima Cena con tus discípulos, tomaste pan y lo bendijiste. Lo partiste y diste a los discípulos, diciendo: "Tomad y comed. Este es mi Cuerpo."

Después tomaste el cáliz y una vez que diste las gracias, lo diste a tus discípulos, diciendo: "Bebed de él todos, porque ésta es mi Sangre, la Sangre de la Nueva Alianza que será derramada para el perdón de los pecados. Haced esto en memoria mía."

La Ultima Cena fue la apertura solemne de tu santa Pasión; en ella

Tú anunciaste que el próximo día Tú morirías por la salvación del mundo. Por vez primera Tú dijiste las palabras del Misterio sublime por el cual Tú convertiste el pan y el vino en tu Cuerpo y Sangre sacrosantos.

Por ello es que la Eucaristía es el memorial de tu Pasión, Muerte y Resurrección. El sacrificio de la Cruz era ya ofrecido en forma espiritual.

Jesús, de esta forma ofreciste a la Iglesia el mayor de los tesoros y grandes riquezas—el Santísimo Sacramento. ¡Su verdadero corazón!

Creo que la Santísima Eucaristía es el mayor de los Sacramentos, porque Tú, el Divino Redentor del mundo, me das tu Cuerpo y Sangre, Alma y Divinidad bajo las apariencias del pan y del vino.

Dándote a Ti mismo, Tú me concedes la mayor promesa de salvación y la mejor forma de alcanzarla. Tú alimentas mi alma con tu propia vida y la unes a Dios. Permíteme darte la mejor prueba de mi agradecimiento—participando en cada Eucaristía totalmente, conscientemente y activamente y recibiéndote frecuente y devotamente para así poder salvar mi alma.

TERCERO Y SEPTIMO DÍA

1er Misterio Doloroso

La agonía en el huerto

¡OH Jesús! Ha llegado el momento de comenzar tu Sagrada Pasión. Sientes ya el profundo y deprimente peso del sufrimiento sobre Ti en el Huerto de los Olivos.

Sufre tu alma. Tiembla todo tu ser. Temor causado por la proximidad y evidencia de tu Muerte con los sufrimientos que lleva consigo. Sientes repugnancia al ver los pecados por los que tanto tienes que sufrir. ¡Qué terribles son los pecados de todo el mundo a lo largo de todos los tiempos por su infamia y maldad, cuando se comparan con la suprema autoridad de Dios, infinita bondad, justicia y belleza!

Las profundidades de tu alma están llenas de la tristeza que te causa saber el escaso provecho de tus sacrificios; como la gente va a menospreciar la Iglesia o a intentar manipularla con daño de sus propias almas. Surgen ante Ti estas imágenes de espanto que penetran hasta lo íntimo de tu corazón. Te invade tristeza de muerte.

Y tu oración es: "Padre, si es posible aparta de Mí este cáliz; pero no se haga mi voluntad sino la tuya." Sudas gotas de sangre que caen hasta el suelo.

Que yo me muestre agradecido por tu generosidad con verdadero arrepentimiento de mis pecados y sincero amor por Ti, mi mejor Amigo y mi Dios.

2° Misterio Doloroso
La Flagelación

¡OH Jesús! Pilato manda azotarte de esta forma despiadada, para que los judíos se muevan en compasión. Tienes que padecer los horribles sufrimientos de la flagelación romana, tan cruel, que está reservada únicamente para los asesinos y para los esclavos—y ¡Tú eres el Hijo de Dios!

Queda tu cuerpo desnudo, a la vista de aquellos soldados inhumanos, sin entrañas. Con sogas te han sujetado las muñecas al poste de piedra y arrastran tu cuerpo hasta que tu rostro se acerque a la piedra. Luego se dan a la tarea de hacerte un manantial de sangre. Caen los golpes con terrible fuerza sobre tus hombros y espalda. Se estremece tu cuerpo bajo los aplastantes latigazos, rigurosos e incontables. Caen como fuego sobre tu piel que se rompe y estalla.

Brotan surtidores de tu preciosa Sangre por todo aquel cuerpo desfigurado y caen sobre aquel suelo sucio. El dolor te penetra hasta lo más hondo del alma, arrancando lágrimas de tus ojos y ecos de tu voz quejumbrosa.

El amor te hace soportar los dolores de la flagelación evitando que caigan sobre mí los azotes y justa ira de Dios para reparar por mis pecados de impureza. Te doy gracias por este amor y te suplico me des gracia para corresponder a él apartándome de todo pecado.

3er Misterio Doloroso

La Coronación de espinas

¡OH Jesús! Los soldados se mofan de Ti. Arrancan sin piedad la ropa de tus hombros sangrantes y te ponen una de sus capas como manto real. Te sientan sobre la base de una columna rota como si fuera el trono. Por encima de tus ojos bañados en lágrimas encasquetan una corona de punzantes espinas; enredada con el pelo, la aprietan sobre la cabeza. Corona vergonzante: el mayor desprecio del hombre a tu divina realeza.

Por cetro ponen una caña en tu mano derecha. Te sientas allí agobiado por la pena. Cuadro de completa bajeza. Sin embargo, eres el Dios vivo que en este momento levantas el cetro de tu poder sobre innumerables ejércitos de ángeles. Eres el Mesías, el deseado de las naciones, y en cambio se burlan de Ti como de un loco. Eres el Creador del universo y de todo lo viviente y en cambio tus criaturas te ciñen una corona vergonzante.

Doblo ahora mi rodilla ante Ti y te prometo lealtad inquebrantable, mi Rey-Dios. Una vez doblé mi rodilla en desprecio tuyo, de tus mandamientos; ahora me arrodillo con el amor y adoración más sincera.

4° Misterio Doloroso
La Cruz a cuestas

¡OH Jesús! Estás al fin unido a la Cruz. Tu corazón está ya clavado en ella. ¡Con qué ternura la miras, la besas con amor, la estrechas junto al corazón! La recibes de la bondadosa mano del Padre celestial, pues El es en realidad quien carga este peso sobre tus espaldas heridas.

La Cruz es el símbolo de tu tiernísimo amor, el altar sobre el que te vas a sacrificar como Cordero de Dios que quita los pecados del mundo. La Cruz es instrumento de tu misericordia, el trofeo de tu victoria. Pero tienes que atravesar ahora lo más penoso al iniciar el último camino de tu amor por mí.

Nunca puedo entender la profundidad del sufrimiento que aceptas recibiendo tu Cruz. Todo tu ser queda aplastado bajo el peso de mis pecados. Me has enseñado que el mandamiento de seguirte hasta el Calvario es condición para ser feliz eternamente. Enséñame a llevar con paciencia las penas y desengaños en reparación de mis pecados. Que acepte yo como dada por Ti la cruz que he de llevar en mi vida y haz que ame mis sufrimientos como Tú amas la propia Cruz.

5° Misterio Doloroso

La Crucifixión

¡OH Jesús! Por fin llegas al Calvario. Te agarran ásperamente los soldados y arrancan la ropa de tu rasgado cuerpo. Veo abrirse de nuevo las heridas causadas por los azotes. Despójame de toda maldad y viste mi pobre alma con tu pureza y santidad.

Martillean los verdugos sobre grandes clavos que fijan tus pies y manos a la Cruz. Estás sujeto sobre duro lecho, tu lecho de muerte. La cabeza apoyada sobre penosa cabecera: tu corona de espinas. La mirada hacia lo alto, a tu Padre. Totalmente entregado a su divina voluntad mientras que oras: "Padre, perdónalos porque no saben lo que hacen." Pide al Padre que me perdone, pues mis pecados te clavaron en la Cruz. Yo tampoco me dí cuenta de lo que hice.

Brazos robustos te levantan y quedas colgado entre cielo y tierra, como un criminal, muriendo lentamente entre las torturas insufribles del cuerpo y la tristeza más amarga del alma.

Tus lánguidos ojos miran los cielos oscurecidos y gritas con voz alta: "Padre, en tus manos encomiendo mi espíritu." Se inclina entonces tu cabeza coronada de espinas en gesto de sumisión a la voluntad del Padre y a la muerte. Has muerto para que yo viva. Te doy gracias por el amor que me tienes. Que yo viva para amarte siempre.

CUARTO, OCTAVO Y NOVENO DÍA

1er Misterio Glorioso

La Resurrección

¡OH Jesús! Después de tu entierro, tus enemigos sellaron la entrada del sepulcro y pusieron guardias. Marcharon contentos, porque al fin habían vencido. Pero Tú, glorioso Vencedor, resucitaste con tu propio poder, de acuerdo con tu promesa.

Tiembla la tierra cuando sales del sepulcro. Los guardias quedan aterrados. Tu cuerpo brilla como el sol. Como joyas preciosas centellean tus heridas de pies y manos. La muerte está vencida, rota su victoria, muerto su aguijón. Tu triunfo lo compartes también conmigo, para que yo pueda vencer la muerte.

Que este Misterio fortalezca mi esperanza en la vida mejor después de la muerte, la resurrección de mi cuerpo al final y una felicidad eterna. Firmemente espero en tu promesa y me lleves a la gloria. Por tu gloriosa resurrección mi cuerpo será semejante al tuyo en vida y gloria. Concédeme estar contigo en el Cielo para siempre.

2° Misterio Glorioso
La Ascensión

¡OH Jesús! Cuarenta días después de tu Resurrección, habiendo instruído a tus Apóstoles sobre la dignísima vocación de establecer el Reino de Dios en este mundo, vas con ellos al Monte de los Olivos, escenario donde comenzó tu Pasión. Sobre la cima, radiante de luz como en la Transfiguración, preparas la Ascensión a las alturas, la Gloria del Cielo.

Bendices a tu Madre, la más querida, a tus Apóstoles y a los discípulos. Te despides. Una nube te envuelve y te pierden de vista. ¡Qué profundo dolor separarse de Ti! ¡Qué vivos los deseos de seguirte!

Te acompañaban innumerables espíritus bienaventurados, que habías rescatado del Limbo como primicias de tu Redención. Salen a recibirte como Salvador del mundo legiones de ángeles en el Cielo. Al tomar posesión de tu sede junto al Padre, toda la corte celestial entona un cántico de alabanza. Me gozo contigo por esta cumbre de tu gloria. Cuando acabe yo la lucha de esta vida, dame la gracia de compartir tu gozo y triunfo en el Cielo por la eternidad.

3er Misterio Glorioso

La venida del Espíritu Santo

¡OH Jesús! Te doy gracias por haber cumplido tu amable promesa: "Rogaré al Padre y El les enviará otro Consolador, que estará siempre con ustedes." ¡Espíritu Santo! Cincuenta días después de la Resurrección de Jesús, en medio de un viento impetuoso, bajaste sobre la Santísima Virgen, los Apóstoles y los discípulos reunidos en la planta superior del edificio. Apareces en forma de lenguas de fuego, llenándoles de verdad y preparándoles para dar testimonio de Jesús. Infundes en ellos tu amor ardiente como una llama, poderoso como un viento huracanado, porque eres el Amor personal del Padre y del Hijo en la vida de Dios.

Llenos de tu gracia divina, salen sin miedo a predicar a Jesucristo con poder y eficacia. Tú vienes sobre la Iglesia naciente a darle vida divina, iluminarla y preservarla de error haciéndola perfecta en santidad. Tú eres para la Iglesia lo que el alma para el cuerpo: espíritu que la anima y conserva en unidad. Tu acción divina produce maravillas de gracia en las almas del pueblo. Glorifica a Jesús difundiendo la Iglesia por todo el mundo.

Que tus dones de gracia me preparen para que un día pueda yo ver a Dios en todo su esplendor y disfrute para siempre de la dulzura y felicidad de tu amor divino.

4° Misterio Glorioso
La Asunción de María

¡MARIA! Te sometiste a la ley de muerte, que fue un sueño tranquilo para ti, una apacible separación de alma y cuerpo. Tu alma alcanza tal grado de amor que parece no poder hallar descanso más que en el bienaventurado amor de la Santísima Trinidad.

Tu alma acelera dulcemente para disfrutar de la gloriosa visión de Dios. Dejas tu cuerpo inmaculado en silencio, inmóvil, bellísimo, en el sueño de la muerte.

Pronto, sin embargo, volverá tu alma hermosa en busca del cuerpo que yace tranquilamente en el sepulcro. De repente te levantas inmortal y glorificada, vestida de regia gloria.

Mientras los ángeles cantan sus himnos de alabanza, tú elevada por Dios, asciendes a lo alto, al reino glorioso.

Allí los ciudadanos del Cielo inclinan la cabeza a tu llegada en humilde reverencia. ¿Quién podrá contar la dulzura del abrazo con que Jesús te recibe a ti, su misma madre, y te introduce en la interminable compañía de su Gloria celestial?

Los Apóstoles fueron a abrir tu apacible sepulcro y lo encontraron vacío. Hermosas flores llenaban el sitio donde había reposado tu cuerpo. Música angelical oían. Y comprendieron que tú habías sido elevada en cuerpo y alma a los cielos.

Ayúdame en el auténtico quehacer de la vida a escoger la virtud y rechazar el pecado. Protégeme del enemigo, de la tentación.

Guíame por el sendero de la virtud hasta que me llegue la hora del Juicio y pueda yo disfrutar también de la gloria para siempre.

5° Misterio Glorioso
La Coronación de María

¡OH María! Contemplo en espíritu cómo Jesús te guía hasta el trono de gloria en el Cielo, junto al suyo. Como tú probaste la amargura de la pena y dolor con El en la tierra, ahora gozarás de la dulzura eterna de la Gloria con El en el Cielo. Tú has llevado una corona de espinas con Jesús. Ahora llevas corona de oro y piedras preciosas como las de El.

Me alegro contigo, al ver que El coloca esta bellísima corona sobre tu cabeza, mientras que todos los ángeles y Santos te aclaman como Reina. Tu Inmaculado Corazón late al unísono con el Corazón de Jesús, que ahora derrama sobre ti con gran deleite el amor de Dios hecho Hombre.

Te inclinas delante de la Santísima Trinidad con la más profunda humildad y exclamas con tu oración de alabanza: "Celebra todo mi ser la grandeza del Señor y mi espíritu se alegra en el Dios que me salva porque quiso el todopoderoso hacer grandes cosas por mí. Santo es su nombre." Te vuelves hacia los ángeles y Santos aceptando humildemente su homenaje.

¡Que la gloriosa belleza de tu coronación en los cielos llene mi corazón con ardientes deseos de los gozos celestiales! ¡Por tu intercesión y benigna misericordia pueda yo alcanzar el glorioso Reino del Cielo y ser allí feliz con Jesús y contigo por toda la eternidad!

Oración

℣. Ruega por nosotros, Santa Madre de Dios.

℟. *Para que seamos dignos de las promesas de Cristo.*

OREMOS: O Dios, tu unigénito Hijo por su Vida, Muerte y Resurrección nos obtuvo los premios de la salvación eterna. Concédenos, te suplicamos, que meditando los Misterios del Santísimo Rosario de la Bendita Virgen María podamos imitar lo que contienen y alcanzar lo que prometen. Por Cristo nuestro Señor. ℟. *Amén.*

— DICIEMBRE —

18. LA INMACULADA CONCEPCION

(8 de Diciembre)

MEDITACION

LA Iglesia enseña que la Santísima Virgen María, desde el primer instante de su Concepción poseyó la gracia santificante en plenitud con las virtudes infusas y dones del Espíritu Santo. No obstante, quedó sometida a otras penas y sufrimientos de la vida que su mismo Hijo quiso padecer.

Este artículo de fe se funda en la Sagrada Escritura y en la constante tradición de la Iglesia. Desde el principio del mundo anunció Dios mismo que María está destinada a "aplastar la cabeza" de la serpiente infernal por medio de su divino Hijo. Por eso, no podía ella empezar siendo herida con la mordedura venenosa y sometida a su poder. El ángel Gabriel la llamó "llena de gracia" porque nunca le faltó la gracia santificante y por consiguiente la poseyó desde el primer instante de su concepción.

Los Padres y escritores de la Iglesia comparan a María con el Arca de Noé, el único en librarse del diluvio universal; con la zarza que Moisés veía ardiendo pero no se consumía; con un jardín cerrado; con la vara de Aarón que, cuando la dejó en el arca, floreció sin que tuviera raíces; con el vellocino de Gedeón que permaneció seco mientras que alrededor todo el suelo estaba cubierto de fuerte rocío. Consideran a María como la Reina que descendió de lo más alto: perfecta, hermosa y sin pecado original; como un paraíso de inocencia que Dios mismo plantó contra todos los ataques de la serpiente venenosa.

También la razón humana justifica la Concepción Inmaculada de María, porque tal privilegio está en proporción con su vocación sublime. Ella era el trono de Dios, el palacio admirable que el Hijo de Dios escogió para habitar durante nueve meses. Fue su vientre el lugar escogido, honrado con la obra misteriosa del Espíritu Santo. Si todo lo que toca a Dios ha de ser puro e inmaculado era necesario que lo fuese María, vaso en que el Hijo de Dios formó su Cuerpo y Sangre. Su Concepción Inmaculada es fulgurante testimonio de la santidad de Jesús, su Hijo.

Si Jesús, el Hijo de Dios, pudo escoger para Madre suya a quien más le agradase, escogería sin duda a una mujer aceptable a la Santísima Trinidad y digna del gran honor a que era destinada. María, pues, estuvo libre del pecado actual y permaneció exenta del pecado original; de lo contrario no habría sido conveniente a Jesucristo, el Hijo de Dios.

Como Eva recibió de Adán la vida natural, María recibió de su Hijo la sobrenatural, la vida de gracia santificante. Si Eva fue Inmaculada al principiar su vida, María, que es superior a Eva en méritos, no podía ser inferior en su dignidad. Y pues Eva fue inmaculada en su creación, María tenía que serlo en su concepción.

Dios mismo ha dado testimonio, con milagros, de la Inmaculada Concepción. ¿Quién puede enumerar las maravillas que están hechas en Lourdes, donde María apareció dieciocho veces y declaró a Bernardita y al mundo: "Soy la Inmaculada Concepción", solamente cuatro años después que esta doctrina fue definida como dogma de la fe? María declaró al mundo entero que ella no solo fue concebida inmaculada pero que ella es la Inmaculada Concepción.

Debemos agradecer a nuestro Señor la gracia del Bautismo que nos limpió del pecado original y nos regeneró y santificó espiritualmente. Debemos pedir a la

Inmaculada Virgen María que nos guarde de todo pecado, sobre todo de pecado mortal, para que no perdamos la gracia de Dios, infinitamente más valiosa que todas las riquezas del mundo.

La solemne fiesta se celebra el 8 de Diciembre. También se venera la Inmaculada Concepción el 11 de Febrero, fiesta de Nuestra Señora de Lourdes, a la vez que con la Medalla Milagrosa.

LA PALABRA DE DIOS

"¡Tú eres la gloria de Jerusalén, el orgullo supremo de Israel, el honor mayor de nuestra raza! . . . ¡Que el Señor todopoderoso te bendiga a través de las edades!" *—Jdt 15, 9-10*

"Salto de alegría delante de Yavé, y mi alma se alegra en mi Dios. Pues él me puso ropas de salvación y me abrigo con el chal de la justicia. . . como la esposa se arregla con sus joyas." *—Is 61, 10*

"Apareció en el cielo una señal grandiosa: una Mujer vestida del sol, con la luna bajo los pies y en su cabeza una corona de doce estrellas." *—Ap 12, 1*

ORACIONES

Oración propia de la Novena

INMACULADA Virgen María, hallaste gracia a los ojos de Dios desde el primer momento de tu concepción en el vientre de Santa Ana, tu madre. Fuiste escogida para ser la Madre de Jesucristo, el Hijo de Dios. Creo en la doctrina de la Santa Madre Iglesia, según la cual, en el primer momento de tu concepción, por singular gracia y privilegio de Dios Altísimo, en virtud de los méritos de Cristo, Salvador del género humano, y tu Hijo amado, fuiste preservada de todo mancha de pecado original. Al honrar tu Inmaculada Concepción, doy gracias a Dios por este admirable privilegio y gracia que El te concedió.

Mírame con bondad y concédeme la gracia particular que ahora pido *(Mencione el favor que desea)*.

Virgen Inmaculada, Madre de Dios y Madre mía, desde tu trono en el Cielo vuelve a mí tus ojos de misericordia. Con plena confianza en tu bondad y poder, te pido me ayudes en el viaje de esta vida, tan llena de peligros para mi alma. Me pongo plenamente en tus manos, para no ser nunca por el pecado esclavo del demonio. Lleve yo siempre una vida humilde y pura. Me consagro a ti para siempre, pues no deseo más que amar a tu Hijo divino Jesucristo.

¡María! Pues ninguno de tus fieles servidores se ha condenado, haz que yo me salve también. Amén.

Oración de San Efrén

VIRGEN Santísima, inmaculada y pura, tú, sin pecado, eres la Madre de tu Hijo, que es el poderoso Señor del universo. Por ser santa e inviolada, la esperanza de pecadores y desesperanzados, canto tus alabanzas. Te alabo, llena de toda gracia, pues en tu seno llevaste al Dios-Hombre. Te venero; invoco e imploro tu ayuda.

Virgen Santa e Inmaculada, ayúdame en todas las necesidades que me agobian y líbrame de todas las tentaciones del demonio. Seas mi intercesora y abogada en la hora de la muerte y del juicio. Líbrame del fuego que no se consume y de las tinieblas exteriores. Hazme digno de la gloria de tu Hijo, Virgen Madre amantísima y de toda bondad. Tú, en verdad, eres mi única esperanza, pues eres santa a los ojos de Dios, a quien sea dada gloria, majestad y poder por siempre. Amén.

Oración a María Inmaculada

MARÍA, Madre de Dios, tu grandeza comenzó en el primer momento de tu existencia con el privilegio de tu Concepción Inmaculada. Sólo Dios todopoderoso y la Sagrada Humanidad de Jesús te superan. Todas las criaturas son inferiores a ti. Tú eres también criatura y por consiguiente infinitamente por debajo del Ser Supremo. Pero eres criatura tan santa y perfecta que no hay otra como tú. Sólo Dios pudo hacerte tan santa y tan hermosa. El lo hizo así para que pudieras alcanzar la dignidad de ser la Madre de Jesús, el Hijo de Dios, el Verbo divino.

Justo era que tú, Virgen Madre, concibieras al Hombre que era Hijo de Dios al mismo tiempo. Necesitabas estar adornada con la mayor pureza que pueda alcanzar una criatura. Tú eres la Virgen a quien Dios Padre decretó confiar su propio Hijo, el Verbo divino, igual a El en todo. Cristo, al entrar en el orden natural vino a ser Hijo tuyo tanto como del Padre. Eres la Virgen Inmaculada a quien el Hijo escogió para ser su Madre. Eres la Virgen Inmaculada a quien el Espíritu Santo quiso hacer su Esposa y en quien El iba a obrar el admirable milagro de la Encarnación. El privilegio de la Inmaculada Concepción era muy apropiado para tu dignidad.

María, mi Inmaculada Madre, ayúdame a imitar tu limpieza de

alma, manteniéndome libre de todo pecado voluntario mediante la fiel observancia de tus mandamientos. Ayúdame a imitar tu plenitud de gracia recibiendo frecuentemente la Santa Comunión. En ella obtendré la gracia santificante que haga mi alma agradable a Dios y las gracias actuales que necesito para la práctica de la virtud. Por medio de la oración se llene de gracia mi alma, de vida de Dios que me transforme en viva imagen de Jesús, como tú fuiste.

Oración

PADRE, Tú preparaste a la Virgen María para que fuese digna Madre de tu Hijo. La aplicaste de antemano los frutos de salvación que tu Hijo, Jesucristo, iba a merecernos con su Muerte. La preservaste de pecado desde el primer instante de su Concepción. Por su intercesión, concédenos la gracia de vivir sin pecado en tu presencia. Te lo pedimos por el mismo Jesucristo nuestro Señor. Amén.

19. LA MEDALLA MILAGROSA

(8 de Diciembre)

MEDITACION

LA Medalla de la Inmaculada Concepción, llamada comúnmente la Medalla Milagrosa, se manifestó a Santa Catalina Labouré, hija espiritual de San Vicente de Paúl. Acontecimiento que tuvo lugar en la Casa Madre de las Hijas de la Caridad: 140, rue de Bac, París, Francia.

Dios concedió gracias extraordinarias a Sor Catalina durante su noviciado. Por ejemplo, visiones del corazón de San Vicente y apariciones de Nuestro Señor en el Santísimo Sacramento. En 1830 fue agraciada con las apariciones de la Inmaculada Virgen María, a la que debemos la Medalla Milagrosa.

Santa Catalina describe con estas palabras la aparición de Nuestra Señora el 27 de Noviembre de 1830: "Sus pies apoyados sobre un globo. Ví anillos en sus dedos y cada anillo estaba cuajado de perlas. Las grandes irradiaban mucha luz, las más pequeñas menos. No podía yo comprender lo que estaba viendo, la belleza y el brillo de los rayos fulgurantes. Entonces oí una voz que decía: 'Son símbolos de las gracias que derramo sobre quienes las piden.'

"La Santísima Virgen aparecía rodeada de un marco en el que estaba escrito: '¡Oh María sin pecado concebida, rogad por nosotros que recurrimos a vos!' Luego añadió la voz: 'Haz grabar una Medalla conforme a este modelo. Se la pondrán al cuello. Quien la lleve recibirá muchas gracias.' En aquel instante parecía cambiar la escena y contemplé el reverso de la Medalla: una gran 'M' sobre la cual había una barra y una cruz; debajo de la 'M' estaban los corazones de Jesús y de María: el uno coronado de espinas y el otro traspasado por una espada."

Cuando Santa Catalina contó la visión a su confesor, este le preguntó si había visto algo escrito por detrás. La mandó que preguntase a la Santísima Virgen qué debía ponerse allí. La Hermana lo pidió a la Virgen por largo tiempo y un día, durante la meditación, pareció oir una voz que le decía: "La 'M' y los dos corazones ya dicen bastante."

Se hizo la Medalla conforme a las indicaciones de Nuestra Señora. Se puso en libre circulación y en corto tiempo la llevaban millones de personas. Fueron muchas las gracias recibidas por medio de esta medallita de la Inmaculada Concepción, que terminó llamándose Medalla Milagrosa.

LA PALABRA DE DIOS

"Todas mis palabras son acertadas . . . ; el hombre inteligente comprobará que son exactas y al que posee el saber le parecerán sinceras. Tengan mi enseñanza antes que adquirir plata y busquen el saber antes que el oro." *— Pr 8, 8-10*

"Quiero a los que me quieren y me dejaré encontrar por los que me buscan. Me acompañan la riqueza y los honores, el bienestar verdadero y la vida honrada. Produzco frutos más preciosos que el oro y dejo más utilidades que la plata." *— Pr 8, 17-19*

"Ahora, pues, hijos, escúchenme, felices los que siguen mis caminos. Escuchen mi enseñanza y háganse sabios." *— Pr 8, 32-33*

ORACIONES

Oración para empezar

VEN, Espíritu Santo, llena los corazones de tus fieles y enciende en ellos el fuego de tu amor.

Envía tu Espíritu Santo y serán creados. Y renovarás la faz de la tierra.

Oh Dios, que instruíste los corazones de tus fieles con la luz del

Espíritu Santo, concédenos por el mismo Espíritu alcanzar la verdadera sabiduría y regocijarnos siempre con sus consuelos. Por Jesucristo nuestro Señor. Amén.

¡Oh María, sin pecado concebida! Rogad por nosotros que recurrimos a vos! *(3 veces)*.

Señor Jesucristo, te has complacido en glorificar con innumerables milagros a la Santísima Virgen María, inmaculada desde el primer instante de su concepción. Concede a cuantos imploran su protección en la tierra disfrutar eternamente de su presencia en el Cielo, donde, con el Padre y el Espíritu Santo, vives y reinas Dios por los siglos de los siglos. Amén.

Señor Jesucristo, para realizar tus obras has escogido lo débil del mundo, de modo que nadie pueda vanagloriarse en tu presencia. Y para difundir más y mejor la fe en la Inmaculada Concepción de tu Madre, has querido que la Medalla Milagrosa se manifestase a Santa Catalina Labouré. Te suplicamos nos concedas que, llenos de semejante humildad, glorifiquemos de palabra y de obra este misterio.

Memorare

ACUERDATE, piadosísima Virgen María,
que jamás se oyó decir
que uno solo de cuantos han acudido a tu protección,
implorado tu ayuda o solicitado tu intercesión,
haya sido desamparado.
Inspirado con esta confianza,
acudo a ti, oh Virgen de las vírgenes, Madre mía.
A ti vengo,
aquí me tienes, pecador y arrepentido,

oh Madre del Verbo encarnado.
No deseches mis peticiones,
antes bien, por tu misericordia
escúchalas y respóndeme.
Amén.

Oración propia de la Novena

INMACULADA Virgen María, Madre de nuestro Señor Jesucristo y Madre nuestra, penetrados de la más amable confianza y de tu poderosa y segura intercesión, manifestada con tanta frecuencia por la Medalla Milagrosa, nosotros tus hijos, amable y confiadamente te imploramos nos obtengas las gracias y favores que pedimos durante esta novena, si conviene a nuestras almas inmortales y a las almas de quienes ahora encomendamos *(Mencione el favor que desea).*

Tu sabes, María, con cuanta frecuencia nuestras almas han sido santuario de tu Hijo, que odia la iniquidad. Alcánzanos, pues, un profundo odio al pecado y tal pureza de corazón que nos desliguemos de cuanto impida ir a Dios. Que nuestros pensamientos, palabras y acciones se dirijan siempre a su mayor gloria.

Consíguenos también espíritu de oración y abnegación para que recobremos por la penitencia lo que habíamos perdido por el pecado y finalmente lleguemos a aquella dichosa morada donde tú eres la Reina de los ángeles y de los Santos. Amén.

Acto de consagración

¡OH Virgen, Madre de Dios! María Inmaculada, nos ofrecemos y consagramos a ti bajo el título de Nuestra Señora de la Medalla Milagrosa. Que sea ésta para cada uno de nosotros señal segura de que nos amas y constante recuerdo de nuestras obligaciones para contigo. Siempre que la llevemos seamos bendecidos con tu amable protección y preservados en la gracia de tu Hijo.

Virgen potentísima, Madre de nuestro Salvador, mantennos junto a ti en todos los momentos de nuestra vida. Obtennos a nosotros, tus hijos, la gracia de una buena muerte. Para que, en unión contigo, podamos disfrutar de la bendición del Cielo para siempre. Amén.

¡Oh María, sin pecado concebida! Rogad por nosotros que recurrimos a vos! *(3 veces).*

20. NUESTRA SEÑORA DE GUADALUPE

(12 de Diciembre)

MEDITACION

CONFORME a la tradición, la Santísima Virgen se apareció al indio azteca, de 55 años, Juan Diego, mientras iba apresurado a la Misa en la Ciudad de Méjico el sabado día 9 de Diciembre de 1531. Le mandó ir a ver al Obispo Juan de Zumárraga y pedirle se construyese una iglesia en el mismo sitio donde se le apareció. La Virgen volvió al mismo lugar aquella tarde y la tarde del Domingo para oir la respuesta del Obispo. Este, después de interrogar minuciosamente a Juan Diego, le mandó pidiese una señal a la Señora que había dicho era la Madre de Dios.

María habló a Juan en estos términos: "Escucha bien, mi querido hijito, y sepas que yo soy Santa María siempre Virgen, Madre del Dios verdadero, que hizo el cielo y la tierra. Vivamente deseo que se construya aquí una iglesia en prueba de mi amor, mi compasión, mi ayuda y protección. Porque soy Madre de misericordia para ti y para todos los que me aman, confían en mí y me piden ayuda."

Nuestra Señora iba a dar una señal al Obispo. Le dijo a Juan Diego que subiese a coger unas rosas sobre las rocas. El sabía que no era ni tiempo ni lugar para rosas, pero obedeció. Recogió las rosas en el amplio manto que vestían los indios de Méjico y volvió a donde estaba la Virgen. Ella se las puso bien. Cuando Juan llegó a la residencia del Obispo desplegó el manto y cayeron las rosas. Sorprendido de ver al Obispo y a sus acompañantes poniéndose de rodillas, miró al manto y vió en él la figura de la Virgen exactamente como la había descrito. Se vcncró la pintura en la capilla del Obispo y poco después llevada en procesión a la primera iglesia construída en su honor.

La imagen-pintura en que se centra esta devoción representa la Inmaculada Concepción con el sol, la luna y las estrellas, conforme al texto del libro del Apocalipsis. María, vestida de manto azul moteado de estrellas, está de pie sobre la media luna que sostiene un ángel. Los rayos del sol se difunden en derredor por detrás de la Santísima Madre.

El 1709 se erigió junto a la ciudad de Méjico un bello santuario donde se conserva el venerable cuadro. Sin interrupción se han sucedido peregrinaciones desde 1531. Recientemente se ha terminado una nueva basílica mucho más grande. Veinte han sido los Papas que se han manifestado a favor de la reliquia y su tradición.

La aparición de Nuestra Señora de Guadalupe es la única de que hay constancia en Norteamérica. El Papa Pio XII dijo: "Estamos ciertos de que mientras tú—Nuestra Señora de Guadalupe—seas reconocida como Reina y Madre, América y Méjico están a salvo." La proclamó Patrona de las Américas. En el Tercer Concilio Plenario de Baltimore, el año 1846, los Estados Unidos habían sido ya consagrados a la Inmaculada Concepción.

El cuadro de Nuestra Señora de Guadalupe representa la imagen de la Inmaculada Concepción. Como Patrona de toda América, Nuestra Señora de Guadalupe es lazo de unión entre sus hijos, de modo que se amen entre sí y amen a Jesucristo, su Hijo. Por la estrecha relación de Méjico con la Iglesia de Estados Unidos se celebra también esta fiesta el 12 de Diciembre en los Estados Unidos.

LA PALABRA DE DIOS

"Ahora he escogido y santificado esta Casa para que en ella permanezca mi Nombre por

13. **El Lugar Llamado Calvario** — "Llevando El mismo a cuestas Su Cruz, Jesús salió hacia el lugar llamado Calvario que en hebreo se dice Gólgota" — *Jn 19:16s.*

14. **La Crucifixión y Muerte de Jesús** — “Llegados al lugar llamado Calvario, allí le crucificaron. . . . ‘Padre, en Tus manos encomiendo Mi espíritu.’ Y diciendo esto, expiró” —*Lc 23:33, 46.*

15. **La Resurrección de Jesús** — "He resucitado aún estoy contigo has puesto sobre Mí Tu mano: Tu sabiduría has sido maravillosa, aleluya!" — *Antífona de Entrada para el Domingo de Pascua.*

16. **La Ascensión de Nuestro Señor** — Jesús "los sacó hasta cerca de Betania; y levantando las manos les echó Su bendición. Y mientras los bendicía, se fue separando de ellos" — *Lc 24:50ss.*

siempre. Allí estarán mis ojos y mi corazón todos los días." —*2 Cro 7, 16*

"Eres hermosa, amada mía, encantadora como Jerusalén, imponente como tropas ordenadas." —*Cnt 6, 4*

"¿Quién es ésta que surge como la aurora, bella como la luna, brillante como el sol, temible como un ejército?" —*Cnt 6, 10*

ORACIONES

Oración propia de la Novena

NUESTRA Señora de Guadalupe, conforme a tu mensaje en Méjico yo te venero como "la Virgen Madre del verdadero Dios, por quien vivimos, el Creador de todo el mundo, el que hizo el cielo y la tierra."

Me arrodillo espiritualmente delante de su sagrada Imagen, que dejaste milagrosamente impresa en el manto del indio Juan Diego y con la fe de los innumerables peregrinos que visitan tu reliquia, te pido esta gracia *(Mencione el favor que desea).*

Recuerda, oh Virgen Inmaculada, las palabras que dijiste a tu fiel devoto: "Soy Madre de misericordia para ti y para cuantos me aman, ponen su confianza en mí e imploran mi ayuda. Escucho sus penas y alegrías, todos sus dolores y sufrimientos." Te pido que seas Madre de misericordia para mí, porque te amo sinceramente, pongo mi confianza en ti e imploro tu ayuda.

Te suplico, Nuestra Señora de Guadalupe, que me concedas lo que pido, si es conforme a la voluntad de Dios, para que yo pueda "ser testigo de tu amor, tu misericordia, tu ayuda y protección." No me olvides en mis necesidades.

Nuestra Señora de Guadalupe,
ruega por nosotros.
Dios te salve, María *(3 veces)*.

Por la Iglesia

NUESTRA Señora de Guadalupe, rosa mística, intercede por la Santa Iglesia, protege al Papa, socorre en sus necesidades a todos los que te invocan y pues tú eres la siempre Virgen María del verdadero Dios, alcánzanos de tu Santísimo Hijo la gracia de conservar nuestra fe, firme esperanza en medio de las amarguras de la vida, caridad ardiente y el precioso don de la perseverancia final. Amén.

Por Nuestra Patria

NUESTRA Señora de las Américas, tú has bendecido nuestro país con tu visita personal y amable. Nos has dejado tu propia imagen de la Inmaculada Concepción, "Patrona de los Estados Unidos", y "la Mujer vestida del sol." Muéstrate propicia y protege nuestra patria de peligros de guerra y del comunismo. Haz que nuestros ciudadanos sirvan a Dios fielmente, respeten sus santas leyes y sean finalmente felices contigo por toda la eternidad en los cielos.

Nuestra Señora de Guadalupe, protectora de América, danos la paz. Amén.

Oración del Papa Juan Pablo II

¡OH Virgen Inmaculada, Madre del verdadero Dios y Madre de la Iglesia! Tú, que desde este lugar manifiestas tu clemencia y tu compasión a todos los que solicitan tu amparo: escucha la oración que con filial confianza te dirigimos, y preséntala ante tu Hijo Jesús, único Redentor nuestro.

Madre de misericordia, Maestra del sacrificio escondido y silencioso, a ti, que sales al encuentro de nosotros, los pecadores, te consagramos en este día todo nuestro ser y todo nuestro amor. Te consagramos también nuestra vida, nuestros trabajos, nuestras alegrías, nuestras enfermedades y nuestros dolores.

Da la paz, la justicia y la prosperidad a nuestros pueblos, ya que todo lo que tenemos y somos lo ponemos bajo tu cuidado, Señora y Madre nuestra.

Queremos ser totalmente tuyos y recorrer contigo el camino de una plena fidelidad a Jesucristo en su Iglesia: no nos sueltes de tu mano amorosa.

Virgen de Guadalupe, Madre de las Américas, te pedimos por todos los Obispos, para que conduzcan a los fieles por senderos de intensa vida cristiana, de amor y humilde servicio a Dios y a las almas.

Contempla esta inmensa mies, e intercede para que el Señor infunda hambre de santidad en todo el pueblo de Dios, y otorgue abundantes vocaciones de sacerdotes y religiosos, fuertes en la fe y celosos dispensadores de los misterios de Dios.

Concede a nuestros hogares la gracia de amar y de respetar la vida que comienza, con el mismo amor con el que concebiste en tu seno la vida del Hijo de Dios.

Virgen Santa María, Madre del Amor Hermoso, protege a nuestras familias para que estén siempre muy unidas, y bendice la educación de nuestros hijos.

Esperanza nuestra, míranos con compasión, enséñanos a ir continuamente a Jesús y, si caemos, ayúdanos a levantarnos, a volver a él, mediante la confesión de nuestras culpas y pecados en el sacramento de la penitencia que trae sosiego al alma. Te suplicamos que nos concedas un amor muy grande a todos los santos sacramentos, que son como las huellas que tu Hijo nos dejó en la tierra.

Así, Madre Santísima, con la paz de Dios en la conciencia, con nuestros corazones libres de mal y de odios, podremos llevar a todos la verdadera alegría y la verdadera paz, que vienen de tu Hijo, nuestro Señor Jesucristo, que con Dios

Padre y con el Espíritu Santo, vive y reina por los siglos de los siglos. Amén. *Méjico, Enero 1979*

Patrona de la Américas y de Méjico

¡QUE bondad la tuya, oh María, apareciéndote en Méjico a un indiecito de los nuevos cristianos y dejándole en su manto como credencial grabada tu propia imagen! Con esto ganaste a muchos para Cristo viniendo lógicamente a ser la Patrona de Méjico y de las Américas, en especial de los humildes.

Que por tu intercesión sean más y más los que aceptan a tu Hijo como su Señor.

Oración

DIOS de poder y de misericordia, bendijiste las Américas en el Tepeyac con la presencia de la

Virgen María de Guadalupe. Que su intercesión ayude a todos, hombres y mujeres, a aceptarse entre sí como hermanos y hermanas. Por tu justicia, presente en nuestros corazones, reine tu paz en el mundo. Te lo pedimos por nuestro Señor Jesucristo, tu Hijo, que vive y reina contigo y el Espíritu Santo, Dios, por los siglos de los siglos. Amén.

“Bendito sea Dios en sus ángeles y en sus santos.”

Tercera Parte

LOS ANGELES Y LOS SANTOS

—MARZO—

21. SAN JOSÉ

(19 de Marzo; 1ro de Mayo)

MEDITACION

VENERAMOS a José como esposo de la Santísima Virgen María, padre legal de Jesús y jefe de la Sagrada Familia. Fue el apoyo y protector de María, testigo de su virginidad y consuelo en su difícil vocación.

Dios infundió ánimos a José en un sueño profético. En cierta medida le reveló el misterio de la Encarnación, el adorable Nombre de Jesús y su misión en el mundo. Desaparecieron todas las dudas de la mente de José y por divina inspiración recibió a María como esposa. Le libró de preocupaciones y le coronó de honor.

Grande fue la santidad de José, digna de su vocación. Se mide su santidad por la íntima relación en que se encuentra con María, su impecable virgen-esposa, y con Jesús, su divino Hijo-Nutricio.

Su unión con María es la más íntima que puede existir: unión de corazón a corazón, unión del más puro y santo amor. ¡A qué altura de santidad debe él haber llegado durante esta santa unión en la tierra!

Como padre nutricio de Jesús, José está en estrecha unión con el Hijo de Dios, Fuente de toda santidad. Sin duda que él participa de su infinita santidad más que ningún otro santo, excepto María, su esposa. Innumerables son las gracias y privilegios relacionados con su oficio tan noble.

Debemos honrar y amar a aquel a quien Jesús y María amaron con tanta ternura. Por su intercesión podamos alcanzar la gracia de amar a Jesús y a María con algo de esa ternura y entrega con que él los amó.

José sirvió al divino Niño con especial amor. Dios le dió un corazón lleno de celestial y sobrenatural amor. Mucho más profundo y poderoso de lo que podía ser un amor natural de padre.

José sirvió a Jesús con abnegación, sin buscar el propio interés, pero no sin sacrificios. No trabajó para sí mismo; sólo por el bien de los demás. Parece ser un instrumento que se deja orillado al terminar el trabajo, pues desapareció de escena apenas apareció Jesús.

José disfruta de rango muy especial entre los santos del Reino de Dios, por haber tenido tanta parte en la verdadera vida del Verbo de Dios hecho Hombre. En su casa de Nazaret y bajo su cuidado se preparó la redención del mundo. Lo que él llevo a cabo lo hizo también por quienes Jesús iba a dar su vida. Es santo grande y poderoso en el Reino de Dios y bienhechor del cristianismo y de la humanidad. Su rango en el Reino de los Cielos, que supera con mucho la dignidad y honor de los Angeles y Santos, merece nuestra especial veneración, amor y gratitud.

LA PALABRA DE DIOS

"José . . . esposo [de María] . . . era un hombre excelente." *— Mt 1, 19*

"El reserva su auxilio para los hombres buenos, es el escudo de los que caminan en la inocencia. El guarda las sendas de los justos y dirige los pasos de sus fieles."

— Pr 2, 7-8

"José, descendiente de David, no temas llevar a tu casa a María, tu esposa. . . . Dará a luz un hijo, al que pondrás el nombre de Jesús, porque él salvará a su pueblo de sus pecados. . . . Al despertarse José, hizo lo que el Angel del Señor le había ordenado y recibió en su casa a su esposa." *— Mt 1, 20-24*

"[Jesús] volvió con ellos a Nazaret, donde vivió obedeciéndoles [a María y a José]."

— Lc 2, 51

ORACIONES

Oración propia de la Novena

GLORIOSO San José, tú eres el protector fiel e intercesor en favor de todos los que te aman y veneran. Tengo especial confianza en ti. Eres poderoso ante Dios y nunca abandonarás a quienes te sirven con fidelidad.

Te pido humildemente y me enconmiendo yo mismo con todo lo que me es querido a tu intercesión. Por el amor que tienes a Jesús y María no me abandones en la vida y asísteme en la hora de la muerte.

Glorioso San José, esposo de la Virgen Inmaculada, padre nutricio de Jesucristo, haz que yo tenga una mente pura, humilde, caritativa y perfecto abandono a la voluntad de Dios. Sé mi guía, mi padre y mi modelo de vida para que yo merezca morir como tú en manos de Jesús y de María.

Amado San José, discípulo fiel de Jesucristo, levanto a ti mi corazón implorando tu poderosa intercesión a fin de obtener del Sagrado Corazón de Jesús todas las gracias necesarias para mi bienestar espiritual y temporal, en particular la gracia de una muerte feliz y la gracia especial que ahora imploro *(Mencione el favor que desea)*.

Custodio del Verbo encarnado, confío en que tus oraciones por mí serán bondadosamente escuchadas ante el trono de Dios.

Memorare de San José

ACUERDATE, purísimo esposo de María siempre Virgen, mi amable protector San José, que jamás se ha oído decir que uno solo de cuantos han acudido a tu protección o implorado tu auxilio haya sido desamparado.

Animado de tal confianza, me presento ante ti y te suplico humildemente. ¡Oh padre nutricio del Redentor, no desprecies mis peticiones, antes bien escúchalas con bondad!

Consagración de la Familia

¡OH Jesús, nuestro amadísimo Redentor!, has venido a iluminar el mundo con tu doctrina y tu ejemplo. Quisiste pasar la mayor parte de tu vida obedeciendo humildemente a José y a María en el pobre hogar de Nazaret. De este modo santificaste aquella familia escogida para ejemplo de todas las familias cristianas.

¡Jesús, María, José! Aceptad benignamente nuestra familia que os dedicamos y consagramos. Complaceos en proteger, guardar y custodiarnos en la fe verdadera, en la paz y armonia de la caridad cristiana. Hacednos conforme al modelo divino de nuestra familia y que alcancemos todos la felicidad eterna.

María, Madre de Jesús y Madre nuestra, por tu misericordiosa intercesión haz que éste, nuestro humilde ofrecimiento, merezca ser aceptado por Jesús y nos obtenga su gracia y bendición.

San José, santísimo custodio de Jesús y de María, ayúdanos con tus oraciones en todas nuestras necesidades espirituales y temporales para que podamos alabar a Jesús, nuestro divino Salvador juntamente con María y contigo por toda la eternidad.

Por la Iglesia

GLORIOSO San José, poderoso protector de la Iglesia, imploro tu celestial ayuda en bien de la Iglesia universal, especialmente del Santo Padre y de los Obispos, Presbíteros, Religiosos y Religiosas.

Alienta a los afligidos, consuela a los moribundos, convierte a los pecadores y a los no católicos. Ten misericordia de las pobres almas del Purgatorio, en particular de mis familiares, parientes y amigos. Obtenles pronta remisión de sus castigos para que contigo y en compañía de los Santos y de los Angeles alaben y glorifiquen por siempre a la Santísima Trinidad.

Oración

DIOS, nuestro Padre, que has creado el universo y lo gobiernas, en todo tiempo Tú suscitas personas que desarrollen sus talentos para bien de los demás. Con San José como ejemplo y guía nuestro ayúdanos a cumplir el trabajo que nos mandas y a conseguir la recompensa que has prometido.

Inspirados por el ejemplo de San José, sean nuestras vidas manifestación de amor y gocemos siempre de tu paz. Te lo pedimos por Cristo nuestro Señor. Amén.

Letanía de San José

SEÑOR, ten piedad.
Cristo, ten piedad,
Señor, ten piedad.
Cristo, óyenos.
Cristo, escúchanos.
Dios Padre celestial, *ten piedad de nosotros.*
Dios Hijo Redentor del mundo, *ten piedad de nosotros.*
Dios Espíritu Santo, *ten piedad de nosotros.*
Trinidad Santa un solo Dios, *ten piedad de nosotros.*

Santa María, *ruega por nosotros.**
San José,
Ilustre descendiente de David,
Luz de los Patriarcas,
Esposo de la Madre de Dios,
Custodio del Redentor,
Custodio purísimo de la Virgen,
Nutricio del Hijo de Dios,
Diligente defensor de Jesucristo,
Siervo de Cristo,
Ministro de salvación,
Jefe de la Sagrada Familia,
José justísimo,
José castísimo,
José prudentísimo,
José fortísimo,
José obedientísimo,
José fidelísimo,
Espejo de paciencia,
Amante de la pobreza,
Modelo de obreros,
Gloria de la vida doméstica,
Custodio de las vírgenes,
Sostén de las familias,
Apoyo en las dificultades,
Consuelo de los desdichados,
Esperanza de los enfermos,
Patrón de los exiliados,
Patrón de los afligidos,
Patrón de los pobres,
Patrón de los moribundos,
Terror de los demonios,
Protector de la Santa Iglesia,
Cordero de Dios, que quitas los pecados del mundo, *perdónanos, Señor.*

* *Ruega por nosotros* se repite después de cada invocación.

Cordero de Dios, que quitas los pecados del mundo, *escúchanos, Señor.*
Cordero de Dios, que quitas los pecados del mundo, *ten piedad de nosotros.*

℣. Le hiciste Señor de tu Casa,
℟. *Y administrador de tus bienes.*

OREMOS: Oh Dios, que con inefable providencia te dignaste elegir a San José esposo de tu Santísima Madre: te rogamos nos concedas tenerle como intercesor en el cielo ya que le veneramos como protector en la tierra. Tú que vives y reinas por los siglos de los siglos. ℟. *Amén.*

—MAYO—

22. SANTA RITA

(22 de Mayo)

Abodada de lo imposible

MEDITACION

SE puede decir de Santa Rita que es la Abogada para resolver los problemas de la familia. Fue, en pleno sentido de la palabra, víctima de un matrimonio fracasado. Nació en 1381 de una modesta familia campesina del centro de Italia.

Cuando Rita, de muy joven, dió muestras de inclinarse por la vida religiosa y

pire para llevar la Cruz y amarte siempre. Derrama sobre mí el espíritu de sabiduría y amor con que Tú enriqueciste a tu sierva para que yo te sirva fielmente y alcance la vida eterna. Te lo pedimos por Jesucristo nuestro Señor. Amén.

Oración propia de la Novena

SANTA Rita, por medio tuyo Dios nos ha dado un ejemplo de caridad y paciencia haciéndote participar en la Pasión de su Hijo. Te doy gracias por las muchas bendiciones con que te enriqueció en vida, especialmente durante tu infeliz matrimonio y la enfermedad del convento.

Que tu ejemplo me anime a llevar con paciencia la propia cruz y crecer en santidad. Sirviendo a

Dios como tú, pueda yo complacerle con mi fe y mis obras.

Mi debilidad me lleva a caer. Ruega a Dios por mí para que con su gracia me restablezca en su amor y me ayude en el camino de salvación.

Por tu bondad atiende mi oración y pide a Dios me conceda, si es su voluntad, la gracia particular que ahora pido *(Mencione el favor que desea)*.

Que tus oraciones me ayuden a vivir con fidelidad mi vocación como tú hiciste y me lleven a amar más profundamente a Dios y al prójimo hasta alcanzar la vida eterna en el Cielo.

Oración de la Novena (opcional)

SANTA Rita, patrona de quienes están apurados, tus

súplicas intercesoras ante Dios son irresistibles. Por tu prodigalidad en conceder favores te llaman "Abogada de los casos desesperados", o "de lo imposible". Eres tan humilde, mortificada, paciente y misericordiosa por amor de Cristo crucificado que alcanzas a conseguir de El cuanto pidas. Por eso, lleno de confianza acudo a ti con la esperanza de consuelo y alivio.

Sé propicia hacia tus suplicantes y muestra tu poder con Dios en su beneficio. Sé generosa con tus favores nunca como tú has sido en tantas cosas admirables por la gloria más grande de Dios, la difusión de la devoción hacia ti y la consolación de los que ponen su confianza en ti. Prométemos, si lo que deseamos se concede, de glorificarte proclamando tu favor, y bendecirte y cantar tus alabanzas para siempre. Confiando en tus méritos y tu poder hacia el Sagrado Corazón de Jesús, pedimos de ti *(Mencione el favor que desea).*

Oración final

¡OH Dios!, por tu infinita ternura te has complacido en atender las súplicas de tu sierva Rita, y concederle lo que es imposible desde el punto de vista humano: su habilidad y fortaleza. Así la recompensaste por su amor compasivo y confianza firme en tus promesas.

Compadécete de nuestras adversidades y consuélanos en las desgracias, para que los descreídos puedan reconocer que Tú eres recompensa de los humildes, defensa de los que tienen esperanza y fortaleza de los que confían en Ti. Te lo pedimos en nombre de Jesús, el Señor. Amén.

—JUNIO—

23. SAN ANTONIO

(13 de Junio)

MEDITACION

LOS padres de San Antonio eran muy ricos y querían ver a su hijo como distinguido hombre de sociedad. El, en cambio, quería ser pobre por amor de Cristo y por eso se hizo franciscano.

Antonio era un gran predicador. Lo mandaron como misionero por numerosas ciudades de Italia y Francia. Convirtió a muchos pecadores sobre todo con su buen ejemplo.

Cuentan que mientras oraba en su habitación se le apareció Jesús, le puso las manitas al cuello y lo besó. Antonio recibió esta gracia extraordinaria porque mantuvo su alma limpia incluso del más mínimo pecado y amaba mucho a Jesús.

Cuando Antonio enfermó se retiró a un monasterio en las afueras de Padua, donde murió a la edad de 36 años, el 13 de Junio de 1231.

Treinta y dos años después sus restos fueron trasladados a Padua. La lengua se conservaba íntegra, sin haberse corrompido mientras que el cuerpo estaba aniquilado.

Sucedieron muchos milagros después de su muerte. Aun hoy día le llaman el Santo "de los milagros." Su fiesta se celebra el 13 de Junio.

El entusiasmo popular ha hecho que San Antonio, más que otros, sea universalmente reconocido por los fieles de todo el mundo. "Santo universal" le llaman. Durante los ocho siglos ya transcurridos desde su muerte, millones de personas se han sentido atraidas a este gran "Franciscano Milagroso".

Fue otro franciscano, San Buenaventura, quien dijo: "Acude con confianza a Antonio, que hace milagros, y él te conseguirá lo que buscas."

LA PALABRA DE DIOS

"El Espíritu del Señor está sobre mí. El me ha ungido para traer Buenas Nuevas a los pobres." — *Lc 4, 18*

"Publiqué tu salvación en la reunión solemne." — *Sal 40, 10-11*

"La lengua del justo es plata fina. . . . Los labios del justo procuran el alimento para muchos." — *Pr 10, 20-21*

"El salva y libra, obra señales y milagros en los cielos y en la tierra." — *Dn 6, 28*

ORACIONES

Oración propia de la Novena

SAN Antonio, glorioso por la fama de tus milagros, obtenme de la misericordia de Dios esta gracia que deseo *(Mencione el favor que pide).*

Como tú eres tan bondadoso con los pobres pecadores, no mires mi falta de virtud antes bien considera la Gloria de Dios que será una vez más ensalzada por ti al concederme la petición que yo ahora encarecidamente hago.

Glorioso San Antonio de los milagros, padre de los pobres y consuelo de los afligidos, te pido ayuda.

Has venido en mi auxilio con tan amable solicitud y me has aliviado tan generosamente que me siento agradecido de corazón.

Acepta esta ofrenda de mi devoción y amor. Renuevo la seria promesa de vivir siempre amando a Dios y al prójimo.

Continúa defendiéndome benignamente con tu protección y

obtenme la gracia de poder un día entrar en el Reino de los Cielos, donde cantar eternamente las misericordias del Señor. Amén.

Letanía de San Antonio

(como devoción privada)

SEÑOR, ten piedad.
Cristo, ten piedad.
Señor, ten piedad.
Cristo, óyenos.
Cristo, escúchanos.
Santa María, *ruega por nosotros.**
San Francisco,
San Antonio de Padua,
Gloria de la Orden de Frailes Menores,
Mártir en el deseo de morir por Cristo,
Columna de la Iglesia,
Digno sacerdote de Dios,
Predicador apostólico,
Maestro de la verdad,
Vencedor de herejes,
Terror de los demonios,
Consuelo de los afligidos,
Auxilio de los necesitados,
Guía de los extraviados,
Restaurador de las cosas perdidas,
Intercesor escogido,
Constante obrador de milagros,
Sé propicio, *perdónanos, Señor.*
Sé propicio, *escúchanos, Señor.*
De todo mal, *líbranos, Señor.***

* *Ruega por nosotros* se repite después de cada invocación hasta *Sé propicio.*

** *Líbranos, Señor* se repite después de cada invocación hasta *En el día del juicio.*

De todo pecado,
De todo peligro de alma y cuerpo,
De los lazos del demonio,
De la peste, hambre y guerra,
De la muerte eterna,
Por los méritos de San Antonio,
Por su celo en la conversión de los pecadores,
Por su deseo de la corona del martirio,
Por sus fatigas y trabajos,
Por su predicación y doctrina,
Por sus lágrimas de penitencia,
Por su paciencia y humildad,
Por su gloriosa muerte,
Por sus numerosos prodigios,
En el día del juicio,

Nosotros, pecadores, *te rogamos, óyenos.****
Que nos guíes por caminos de verdadera penitencia,
Que nos concedas paciencia en los sufrimientos,
Que nos asistas en las necesidades,
Que oigas nuestras oraciones y peticiones,
Que enciendas en nosotros el fuego de tu amor,
Que nos concedas la protección e intercesión de San Antonio,
Hijo de Dios,
Cordero de Dios, que quitas los pecados del mundo, *perdónanos, Señor.*
Cordero de Dios, que quitas los pecados del mundo, *escúchanos, Señor.*

Cordero de Dios, que quitas los pecados del mundo, *ten piedad de nosotros.*
Cristo, óyenos.
Cristo, escúchanos.

℣. Ruega por nosotros, oh bienaventurado San Antonio,
℟. *Para que seamos dignos de las promesas de Cristo.*

*** *Te rogamos, óyenos* se repite después de cada invocación hasta *Hijo de Dios.*

Oración

OREMOS: ¡Dios, todopoderoso y eterno!, glorificaste a tu fiel confesor Antonio con el don constante de hacer milagros. Concédenos que cuanto pedimos confiadamente por sus méritos estemos ciertos de recibirlo por su intercesión. Te lo pedimos en nombre de Jesús, el Señor. ℟. *Amén.*

—JULIO—

24. SANTA ANA
(26 de Julio)

MEDITACION

GRANDE es la dignidad de Santa Ana por ser la Madre de la Virgen María, predestinada desde toda la eternidad para ser Madre de Dios, la santificada desde su concepción, Virgen sin mancilla y medi-adora de todas las gracias. Nieto de Santa Ana fue el Hijo de Dios hecho Hombre, el Mesías, el Deseado de las naciones. María es el fundamento de la gloria y poder de Santa Ana a la vez que es gloria y corona de su madre.

La *santidad* de Santa Ana es tan grande por las muchas gracias que Dios le concedió. Su nombre significa "gracia". Dios la preparó con magníficos dones y gracias. Como las obras de Dios son perfectas, era lógico que El la hiciese madre digna de la criatura más pura, superior en santidad a toda criatura e inferior sólo a Dios.

Santa Ana tenía celo por hacer obras buenas y esforzarse en la virtud. Amaba a Dios sinceramente y se sometió a su santa voluntad en todos los sufrimientos, como fue su esterilidad durante veinte años, según cuenta la tradición. Esposa y madre fue fiel cumplidora de sus deberes para con el esposo y su encantadora hija María.

Muy grande es el *poder* intercesor de Santa Ana. Ciertamente santa y amiga de Dios, distinguida sobre todo por ser la abuela de Jesús en cuanto Hombre.

La Santísima Trinidad le concederá sus peticiones: el Padre, para quien ella gestó, cuidó y educó a su hija predilecta; el Hijo, a quien le dió madre; el Espíritu Santo, cuya esposa educó con tan gran solicitud.

Esta Santa privilegiada sobresale en mérito y gloria, cercana al Verbo encarnado y a su Santísima Madre. Sin duda que Santa Ana tiene mucho poder ante Dios. La madre de la Reina del Cielo, que es poderosa por su intercesión y Madre de misericordia, es también llena de poder y de misericordia.

Tenemos muchos motivos para escoger a Santa Ana como nuestra intercesora ante Dios. Como abuela de Jesucristo, nuestro Hermano según la carne, es también nuestra abuela y nos ama a nosotros sus nietos. Nos ama mucho porque su nieto Jesús murió por nuestra salvación y María, su hija, fue proclamada Madre nuestra bajo la Cruz. Nos ama de verdad en atención a las dos Personas que ella amó más en esta vida: a Jesús y a María. Si su amor es tan grande, su intercesión no será menos. Debemos, por tanto, acudir a ella con gran confianza en nuestras necesidades. No hay la menor duda de que esto agrada a Jesús y a María, quienes la amaron tan profundamente. Se celebra la fiesta de Santa Ana el día 26 de Julio.

LA PALABRA DE DIOS

"[Ana] no se apartaba del Templo, sirviendo día y noche al Señor." — *Lc 2, 37*

"La bendición divina [ella] logrará, y justicia de Dios, su salvador." — *Sal 24, 5*

"Dichosos ustedes porque ven y oyen. . . . Muchos santos ansiaron ver lo que ustedes ven y no lo vieron." — *Mt 13, 16-17*

ORACIONES

Oración propia de la Novena

GLORIOSA Santa Ana, quiero honrarte con especial devoción. Te escojo, después de la Santísima Virgen, por mi madre espiritual y protectora. Te encomiendo mi alma y mi cuerpo, todos mis intereses: espirituales y temporales y los de mi familia.

Te consagro mi mente, para que en todo se guíe por la luz de la fe; para que se conserve puro y lleno de amor a Jesús, a María, a José y a ti misma; mi voluntad para que, como la tuya, esté siempre conforme con la de Dios.

Buenísima Santa Ana, desbordante de amor para cuantos te invocan y de compasión con los que sufren. Confiadamente pongo ante ti la necesidad de que me concedas esta gracia en particular *(Mencione el favor que desea)*.

Te suplico recomiendes mi petición a tu Hija, la Santísima Virgen María, para que ambas, María y tú, la presenteis a Jesús. Por tu valiosa intercesión sea cumplido mi deseo.

Pero si lo que pido no fuere voluntad de Dios, obtenme lo que sea de mayor bien para mi alma. Por el poder y gracia con que Dios te ha bendecido dame una mano y ayúdame.

Te pido sobre todo, misericordiosísima Santa Ana, me ayudes a dominar mis malas inclinaciones de mi estado de vida y de practicar las virtudes que sean más necesarias para mi salvación.

Como tú, haz que yo logre por el perfecto amor a Dios ser para El en vida y en muerte. Que después de haberte amado y honrado en la tierra con verdadera devoción de hijo pueda, por tus oraciones, tener el privilegio de amarte y honrarte en el Cielo con los ángeles y Santos por toda la eternidad.

Bondadosísima Santa Ana, madre de aquella que es nuestra

vida, muestra tu dulzura y dame esperanza, intercede ante tu Hija, para que yo alcance la paz.

Memorare a Santa Ana

RECUERDA, gloriosa Santa Ana, pues tu nombre significa gracia y misericordia, que nunca se ha oído decir que uno solo de cuantos se acogieron a tu protección o han implorado tu auxilio y buscado tu intercesión hayan sido desamparados.

Yo, pecador, animado de tal confianza, acudo a ti, santa madre de la Inmaculada Virgen María y encantadora abuela del Salvador. No rechaces mi petición, antes bien escucha y accede a mis ruegos. Amén.

Oración a San Joaquín y Santa Ana

INSIGNE y glorioso patriarca San Joaquín y bondadosísima Santa Ana, ¡cuánto es mi gozo al considerar que fueron escogidos entre todos los Santos de Dios para dar cumplimiento divino y enriquecer al mundo con la gran Madre de Dios, María Santísima! Por tan singular privilegio, han llegado a tener la mayor influencia sobre ambos, Madre e Hijo, para conseguirnos las gracias que más necesitamos.

Con gran confianza recurro a su protección poderosa y les encomiendo todas mis necesidades espirituales y materiales y las de mi familia. Especialmente la gracia particular que confío a su solicitud y vivamente deseo obtener por su intercesión.

Como ustedes fueron ejemplo perfecto de vida interior, obténganme el don de la más sincera oración. Que yo nunca ponga mi corazón en los bienes pasajeros de esta vida.

Denme vivo y constante amor a Jesús y a María. Obténganme también una devoción sincera y obediencia a la Santa Iglesia y al Papa que la gobierna para que yo viva y muera con fe, esperanza y perfecta caridad.

Que yo siempre invoque los santos Nombres de Jesús y de María, y así me salve.

Letanía en honor de Santa Ana

(como devoción privada)

SEÑOR, ten piedad.
Cristo, ten piedad.
Señor, ten piedad.
Cristo, óyenos.
Cristo, escúchanos.
Dios, Padre celestial, *ten piedad de nosotros.*
Dios, Hijo, Redentor del mundo, *ten piedad de nosotros.*
Dios Espíritu Santo, *ten piedad de nosotros.*
Santísima Trinidad, un solo Dios, *ten piedad de nosotros.*
Santa Ana, *ruega por nosotros.**
Descendiente de la familia de David,
Hija de los patriarcas,
Fiel esposa de San Joaquín,
Madre de María, la Virgen Madre de Dios,
Amable madre de la Reina del Cielo,
Abuela de nuestro Salvador,
Amada de Jesús, María y José,
Instrumento del Espíritu Santo,
Ricamente dotada de las gracias de Dios,
Ejemplo de piedad y paciencia en el sufrimiento,
Espejo de obediencia,
Ideal del auténtico feminismo,
Protectora de vírgenes,

* *Ruega por nosotros* se repite después de cada invocación.

Modelo de madres cristianas,
Protectora de las casadas,
Guardiana de los niños,
Apoyo de la vida familiar cristiana,
Auxilio de la Iglesia,
Madre de misericordia,
Madre merecedora de toda confianza,
Amiga de los pobres,
Ejemplo de las viudas,
Salud de los enfermos,
Cura de los que sufren del mal,
Madre de los enfermos,
Luz de los ciegos,
Voz de quienes no pueden hablar,
Oído de los sordos,
Consuelo de los afligidos,
Alentadora de los oprimidos,
Alegría de ángeles y Santos,
Refugio de los pecadores,
Puerto de salvación,
Patrona de la buena muerte,
Auxilio de cuantos recurren a ti,
Cordero de Dios, que quitas los pecados del mundo, *perdónanos, Señor.*
Cordero de Dios, que quitas los pecados del mundo, *escúchanos, Señor.*
Cordero de Dios, que quitas los pecados del mundo, *ten piedad de nosotros.*

℣. Ruega por nosotros, buenísima Santa Ana,

℟. *Para que seamos dignos de las promesas de Cristo.*

OREMOS: Dios todopoderoso y eterno, te has complacido en escoger a Santa Ana para que de ella naciera la Madre de tu amado Hijo. Haz, te rogamos, que cuantos la honramos con especial confianza podamos, por su intercesión, alcanzar la vida eterna. Te lo pedimos por Jesucristo nuestro Señor. ℟. *Amén.*

—OCTUBRE—

25. LOS SANTOS ANGELES

(2 de Octubre)

MEDITACION

LOS ángeles nos acompañan en adoración. Son ministros del Señor, infinitamente bueno. Es voluntad de Dios que nos ayuden a adorarle.

Los ángeles presiden las reuniones del culto cristiano, como se ve por las oraciones de la Iglesia. La liturgia es una participación de la que celebran los ángeles en el Cielo. Unámonos a ellos con reverencia para alabar a Dios. Su ministerio consiste en inspirarnos con fe y amor a que realicemos dignamente nuestra adoración. Nos preparamos internamente para recibir los Sacramentos, pues la Iglesia los invoca en nuestra ayuda.

Los ángeles nos ayudan contra el mal. Ellos nos ayudan en la lucha contra el diablo. El Nuevo Testamento nos pide que tengamos fe en Dios, fe en Cristo, y que usemos las armas de Dios. Dios envió sus ángeles para darnos la ayuda que necesitamos contra el mal. Este es su ministerio en la obra de nuestra salvación, continuando la batalla una vez comenzada contra Lucifer y sus ángeles rebeldes.

Nos inspiran pensamientos contra las insinuaciones diabólicas y nos invitan a que acudamos a Dios en oración. Sólo en el Cielo conoceremos lo mucho que realmente nos han ayudado en la lucha contra el diablo.

Los ángeles anhelan nuestra salvación. Con los ángeles participamos de la vida divina, y somos como ellos criaturas de

Dios en Cristo Jesús. Por eso, ellos anhelan nuestra salvación: que juntos con ellos glorifiquemos a Dios y disfrutemos viendo su gloria.

Con gozo los ángeles aceptan las misiones que Dios les encomienda para nuestra santificación. Vencedores de los demonios, los ángeles nos protejen contra los enemigos del alma. Haríamos bien pidiéndoles que nos asistan para rechazar las tentaciones del Malo.

Los ángeles, además, presentan nuestras oraciones ante Dios acompañando con sus plegarias nuestras peticiones. Nos conviene, pues, encomendarnos a ellos especialmente en los momentos difíciles y sobre todo en la hora de la muerte, para que nos defiendan de los ataques del enemigo y lleven nuestras almas al Cielo.

Tenemos Angel de la Guarda. Hay algunos ángeles con misión de cuidar de las almas en particular. Se les llaman Angeles de la Guarda. Es doctrina tradicional de los primeros escritores de la Iglesia, basada en textos de la Sagrada

Escritura y fundada sobre razones sólidas. Lo prueba el hecho de haber establecido la fiesta en honor de los Angeles de la Guarda.

El Creador no abandona las criaturas a que dió existencia; les proporciona cuanto necesiten para lograr su perfección natural. Cristo murió por todos y para todos mereció los medios de salvación. La asistencia de los ángeles es parte del plan de Dios para salvar a todas las gentes.

Los ángeles también oran por nosotros. En las vidas de los santos observamos que se comunican frecuentemente con los ángeles. Comunicación fundada en la sencilla fe de que espíritus invisibles a quienes el amor induce a orar por las personas en particular y por las comunidades ante el trono de Dios.

Los ángeles ayudan ante todo en el campo espiritual y sobrenatural. Esto lleva consigo su solicitud por las necesidades corporales en la medida en que éstas se relacionan con la salvación y santificación.

Debemos amar y venerar al propio Angel de la Guarda, porque él nos mantiene en comunicación con el Cielo. Ha sido siempre y continúa siendo nuestro devoto amigo, dispuesto en todo momento a ayudarnos en nuestro camino del Cielo.

Honrando a nuestro Angel de la Guarda, honramos a Dios al mismo tiempo, pues lo representan en la tierra. Es gran honor tener por amigo a criatura tan bella y leal a Dios.

LA PALABRA DE DIOS

"Mira que yo envío a mi Angel delante de ti, para que te guíe y te guarde en el viaje, hasta introducirte en el lugar que te he preparado. Pórtate bien con él y hazle caso."

— *Ex 23, 20-21*

"Ha dado a sus ángeles la orden de protegerte en todos tus caminos. En sus manos te habrán de sostener para que no tropiece tu píe en alguna piedra." — *Sal 91, 11-12*

"Tengan cuidado de despreciar a alguno de estos pequeños, pues les digo que sus ángeles en el Cielo contemplan sin cesar la cara de mi Padre que está en los Cielos. Porque el Hijo del Hombre ha venido a salvar lo perdido."

—Mt 18, 10

ORACIONES

Oración propia de la Novena

PADRE *celestial*, Creador de cielo y tierra, te alabo y te doy gracias porque, además de crear el mundo visible, has creado los cielos y los innumerables espíritus. Los creaste con todo esplendor, dotados de poder y de entendimiento, y dándoles en abundancia las riquezas de tu gracia.

Te alabo y te doy gracias por haber derramado estas bendiciones sobre los ángeles buenos, en especial sobre mi Angel de la Guarda, y por haberles premiado con la gloria eterna cuando pasaron el tiempo de prueba. Ahora rodean tu trono para siempre cantando jubilosos: Santo, santo, santo, ¡Señor Dios de los ejércitos! El cielo y la tierra están llenos de tu gloria. ¡Hosanna en las alturas!

Hijo eterno de Dios, te rindo honor como al Rey de los ángeles. Tú mismo te has dignado nombrarte y actuar como ellos viviendo entre nosotros, como el Angel y Mensajero de Dios. Fuiste el compañero fiel y el constante guía del pueblo escogido. Por tu encarnación viniste a ser el embajador de nuestro Padre celestial y el Mensajero del gran decreto de la Redención.

Para tu mayor gloria, amable Rey de los ángeles, deseo alabar y honrar a tus servidores, los santos ángeles, en particular a mi Angel de la Guarda. En unión de los santos ángeles te adoro y reverencio como mi Salvador y mi Dios.

Espiritu Santo, divino Artista, Dedo de la mano de Dios, con tu poder y amor creaste los ejércitos de los ángeles para adorar y servir a Dios. Lo cumplen con fidelidad constante y pronta obediencia. Con amor ferviente y santo celo ejecutan tus órdenes. Divino Espíritu, Tú nos creaste también a semejanza tuya y nos convertiste en templos vivos de nuestras almas.

Te doy gracias por habernos dado tus santos ángeles, que nos ayudan, protejen y guían para que perseveremos en tu gracia durante el viaje de la vida y lleguemos salvos a nuestro hogar del Cielo. Ayúdame a escuchar atentamente sus órdenes para cumplir perfectamente tu santa voluntad y hallar al mismo tiempo felicidad en esta vida y en la venidera.

Santísima Trinidad, Padre, Hijo y Espíritu Santo, en honor de los santos ángeles te pido que, si es tu voluntad, me concedas esta gracia particular *(Mencione el favor que desea)*.

Oración a Los Angeles

ANGELES y arcángeles, Tronos y Dominaciones, Principados y Poderes, Virtudes de los Cielos, Querubines y Serafines alaben al Señor por siempre.

Alaben al Señor todos sus ejércitos, siervos que cumplen su voluntad.

Santo Angel que confortaste a Jesucristo, nuestro Señor, ven y confórtanos a nosotros también. ¡Ven, no tardes!

Oración a nuestro Angel de la Guarda

QUERIDO Angel de la Guarda, por la misericordia de Dios me has sido dado para que seas el fiel compañero de mi destierro en esta mundo. Te honro y amo como amigo devoto a quien Dios ha encomendado el cuidado de mi alma inmortal. Te doy gracias de todo corazón por tu amor y constante cuidado de mí.

Queridísimo amigo-Angel, te pido me guardes y protejas a mí, pobre pecador. Guíame por el camino de la vida. Amonéstame contra cualquier ocasión de pecado, llena mi alma de saludables pensamientos y decidido ánimo de practicar la virtud. Intercede para que yo participe de tu ardiente celo en el servicio de Dios y con devoción ame su divina voluntad.

Perdóname, querido Angel de la Guarda, por haber menospreciado con tanta frecuencia tus consejos y no haber hecho caso de tus inspiraciones. Procuraré en lo futuro obedecerte con decisión y fidelidad. Tú sabes lo que vale mi alma a los ojos de Dios. No me permitas olvidar que fue redimida por la preciosa Sangre de nuestro Señor Jesucristo. Que ninguna mancha de pecado desfigure la belleza de mi alma, ningún mal pensamiento o acción me prive de la dignidad de hijo de Dios. No permitas que yo sirva de escándalo, ni sea ocasión de pecado para otros destruyendo así la obra que Cristo ha realizado en sus almas con su dolorosísima Pasión y Muerte.

Querido Angel Guardián, haz que yo disfrute de tu protección en este peligroso camino de la vida hasta alcanzar mi eterno hogar en el Cielo donde, en unión contigo y los demás Angeles y Santos, alabe para siempre la misericordia que Dios tiene conmigo. Amén.

Oración final

¡OH Dios! por tu providencia te has complacido en mandar tus santos ángeles para que nos protejan, nos defiendan siempre, nos custodien y disfrutemos de su compañía.

¡Señor! te suplicamos visites nuestro hogar y alejes todas las asechanzas del enemigo. Que tus santos ángeles habiten en nuestra casa y nos custodien en paz. Tu bendición siempre nos acompañe.

¡Todopoderoso y eterno Dios! en tu amable providencia has designado a todos desde el día de su nacimiento un ángel particular para que sea Guardián de su cuerpo y alma. Concédeme amar y honrar al mío de tal modo que, protegido por su gracia, y con su ayuda, merezca contemplarte en su compañía y la de todos los ejércitos celestiales, la gloria de tu rostro en el Reino celestial. Tú que vives y reinas por los siglos de los siglos. Amén.

—NOVIEMBRE—

26. NUESTRO SANTO PATRON

(Todos los Santos, 1ro de Noviembre)

MEDITACION

SANTOS son quienes se distinguen por sus virtudes heroicas durante la vida y que la Iglesia honra como Santos, sea por la autoridad de su ordinario y universal magisterio o por una definición solemne llamada canonización. Para que la Iglesia reconozca oficialmente la santidad de una persona es necesario que ésta se halle ya en gloria, que se la pueda invocar en todas partes y que sus virtudes, durante la vida o el martirio, sirvan de testimonio y ejemplo a los fieles cristianos.

La Iglesia honra a los Santos que están ya con el Señor en la Gloria porque, con el ejemplo de su vida heroica, nos sirven de estímulo y además porque interceden ante Dios por nosotros.

Nuestra unión con Cristo hace que estemos unidos con todos aquellos que forman parte de la gran familia de Dios, la Comunión de los Santos. Nosotros, en la tierra, miembros de la Iglesia militante, todavía presentamos batalla como buenos soldados de Cristo; todavía caminamos a la Casa del Padre. Entre tanto, somos ayudados y animados por los victoriosos y santos miembros de la familia, la Iglesia triunfante de Cristo en el Cielo. Honremos a los Santos y esforcémonos por imitar sus ejemplos y vidas virtuosas.

El amor y unión que disfrutamos en la Comunión de los Santos se manifiesta también por la práctica de invocar a los

Santos del Cielo como nuestros patronos e intercesores ante Dios. Intercesión muy poderosa porque han manifestado en la tierra tener mucho amor de Dios. Además, porque es una manera de participar en los méritos que ganaron con sus vidas heroicas.

Desde los primeros siglos del Cristianismo se ha llamado Santo o Beato Patrón a aquel que alguna comunidad, organización, lugar o persona haya escogido como especial intercesor ante Dios. Costumbre que tuvo origen en el hecho de que al cambiar de nombre indicaba transformación en la persona misma. Por ejemplo: Abram en Abrahan, Simón en Pedro, Saulo en Pablo. La costumbre también es debida a la práctica de haberse construído iglesias sobre tumbas de mártires.

En el Bautismo y Confirmación recibimos el nombre de un Santo a quien imitar y encomendarnos. Debemos encomendar frecuentemente al Santo Patrón nuestras necesidades de alma y cuerpo, especialmente en la fiesta del Santo. Se le puede honrar, por ejemplo, haciendo una novena en su honor.

LA PALABRA DE DIOS

"[¡Oh Señor!] por tu sangre compraste para Dios a hombres de toda raza, de toda lengua, pueblo y nación. Los hiciste reino y sacerdotes para nuestro Dios y dominarán toda la tierra."
— *Ap 5, 9-10*

"Nosotros somos el Templo de Dios vivo. Ya lo dijo la Escritura: 'Habitaré y viviré en medio de ellos, seré su Dios y ellos serán mi pueblo'."
— *2 Co 6, 16*

"El que a ustedes los llamó es Santo y también ustedes han de ser santos en toda su conducta, según dice la Escritura: 'Ustedes serán santos porque yo lo soy'." — *1 Pe 1, 15-16*

ORACIONES

Oración propia de la Novena

GRAN Santo N., te escogieron en mi Bautismo como guardián y testigo de mis obligaciones.

Bajo tu nombre fuí entonces hecho hijo de Dios por adopción, renuncié a Satanás, a sus obras y falsas promesas. Con tu poderosa intercesión ven en mi ayuda para que yo cumpla aquellas sagradas promesas. Tú también las hiciste en los días de tu peregrinación por la tierra. Tu fidelidad en conservarlas hasta el fin te ha merecido la vida eterna.

Yo estoy llamado a la misma felicidad que tú disfrutas ya. Se me ofrece la misma ayuda con que tú pudiste conseguir la vida eterna. Tú venciste las tentaciones que yo experimento.

Ruega por mí, Santo Patrón, para que, inspirado por tu ejemplo y asistido con tus oraciones, pueda yo llevar una vida santa, tener una muerte dichosa y alcanzar la vida eterna para alabar y dar gracias a Dios en el Cielo contigo.

Te suplico ruegues a Dios que, si es su voluntad, me conceda esta gracia particular *(Mencione el favor que desea).*

Oración final

DIOS todopoderoso y eterno, te has complacido en hacer a tu Iglesia ilustre por el variado esplendor de los Santos. Al venerar su memoria, podamos nosotros también seguir sus claros ejemplos de virtud en la tierra y así obtener la corona del Cielo. Te lo pedimos por Cristo Nuestro Señor. Amén.

"Dales el descanso eterno, Señor, y brille para ellos la luz perpetua. Descansen en paz. Amén."

Cuarta Parte

LAS BENDITAS ALMAS DEL PURGATORIO

27. POR LAS BENDITAS ALMAS DEL PURGATORIO

(2 de Noviembre)

MEDITACION

DIOS creó los seres humanos para que disfruten de su Creador viéndole en la Gloria. Sin embargo, nada manchado puede entrar en el Cielo; por lo cual, quienes no sean perfectos deberán purificarse antes de ser admitidos en la presencia de Dios. La Iglesia enseña la existencia del Purgatorio, en donde las almas de los justos que mueren con mancha de pecado se purifican expiando sus faltas antes de ser admitidas en el Cielo. Entre tanto pueden recibir ayuda de los fieles que viven en la tierra.

Almas de los justos son aquellas que en el momento de separarse del cuerpo, por la muerte, se hallan en estado de gracia santificante y por eso tienen derecho a entrar en la Gloria. El juicio particular les fue favorable pero necesitan quedar plenamente limpias para poder ver a Dios "cara a cara".

"Manchas de pecado" quiere decir el castigo temporal que es debido por los pecados mortales o los veniales, ya perdonados en cuanto a la culpa, pero que en la hora de la muerte no están totalmente libres del castigo correspondiente a la culpa. "Manchas de pecado" puede referirse también a los pecados veniales que, al morir, no habían sido perdonados ni en cuanto a la culpa ni en cuanto a la pena. La Iglesia entiende por Purgatorio el estado o condición bajo el cual los fieles difuntos están sometidos a purificación.

La doctrina de la Iglesia sobre el Purgatorio encuentra fundamento en la Biblia. El texto del 2 Macabeos 12, 46 da por supuesto que existe una purificación después de la muerte. Asimismo las palabras de nuestro Señor: "El que insulte al Hijo del Hombre podrá ser perdonado; en cambio, el que insulte al Espíritu Santo no será perdonado, ni en este mundo, ni en el otro" (Mt 12, 32). Se llega a semejante conclusión en el texto 1 Corintios 3, 11-15.

En la Iglesia católica la práctica de rezar por las benditas almas del Purgatorio está basada sobre la fe en la Comunión de los Santos. Los miembros del Cuerpo Místico pueden ayudarse unos a otros, mientras estén en la tierra y después de la muerte. Si nos fijamos en las oraciones litúrgicas de la Iglesia vemos claramente que se invoca con frecuencia a los Angeles y a los Santos en favor de la Iglesia sufriente o Purgatorio, pero siempre para que intercedan por ella. Toda persona en estado de gracia puede orar con provecho por las benditas almas; probablemente es necesario, al menos, hallarse en estado de gracia santificante para ganar las indulgencias por los difuntos.

El Concilio Vaticano Segundo hizo profesión de fe en la Iglesia Sufriente diciendo: "Este Sagrado Concilio recibe con gran piedad la venerable fe de nuestros hermanos que se hallan en la gloria celeste o que aun están purificándose después de la muerte."

Aunque no sea doctrina-definida, se mantiene como doctrina común que el sufrimiento mayor del Purgatorio consiste en la "pena de ausencia", porque las almas están temporalmente privadas de la visión beatífica. Sin embargo, no hay comparación entre este sufrimiento y las penas del Infierno. Es temporal y por eso lleva consigo la esperanza de ver a Dios algún día cara a cara. Las almas lo llevan con paciencia, pues comprenden que la purificación es necesaria. La aceptan generosamente por amor de Dios y con perfecta sumisión a su voluntad.

Es probable que las penas del Purgatorio van disminuyendo gradualmente de manera que en las etapas finales no podemos comparar los sufrimientos de este mundo con los que padece un alma próxima a la visión de Dios. Pero las almas experimentan también intensa alegría espiritual. Están totalmente ciertas de su salvación. Tienen fe, esperanza y caridad. Saben que ellas mismas están en amistad con Dios, confirmadas en gracia y sin poder ofenderle.

Aunque las almas en el Purgatorio no puedan merecer, sin embargo pueden orar y obtener el fruto de la oración. El poder de su oración depende del grado de santidad. Es cierto que pueden orar por los que viven en la tierra. Por la Comunión de los Santos entendemos que están unidas a la Iglesia militante. Debemos animarnos a invocar su ayuda con la confianza de que ellas nos escuchan. Entienden perfectamente nuestras necesidades, porque las experimentaron y porque están agradecidas a las oraciones, sacrificios y santas Misas que ofrecemos por ellas.

LA PALABRA DE DIOS

"[Judas Macabeo] efectuó entre sus soldados una colecta . . . a fin de que allí se ofreciera un sacrificio por el pecado. . . . Pues . . . creían firmemente en una valiosa recompensa para los que mueren en gracia de Dios. . . . Ofreció este sacrificio por los muertos; para que fuesen perdonados de su pecado."

— 2 Mac 12, 43-46

"El que insulte al Hijo del Hombre podrá ser perdonado; en cambio, el que insulte al Espíritu Santo no será perdonado, ni en este mundo, ni en el otro." *—Mt 12, 32*

"Pues la base nadie la puede cambiar; ya está puesta y es Cristo Jesús. Pero, con estos cimientos, si uno construye con oro, otro con plata o piedras preciosas, o con madera, caña o paja, la obra de cada uno vendrá a descubrirse. El día del Juicio la dará a conocer porque en el fuego todo se descubrirá. El fuego probará la obra de cada cual: si su obra resiste el fuego, será premiado; pero, si es obra que se convierte en cenizas, él mismo tendrá que pagar. El se salvará, pero como quien pasa por el fuego." *—1 Co 3, 12-13*

ORACIONES

Oración propia de la Novena

PADRE misericordioso, en unión con la Iglesia Triunfante en el Cielo, te suplico tengas piedad de las almas del Purgatorio. Recuerda tu eterno amor por ellas y muéstrales los infinitos méritos de tu amado Hijo. Dígnate librarles de penas y dolores para que pronto gocen de paz y felicidad. Dios, Padre celestial, te doy gracias por el don de perseverancia que has concedido a las almas de los fieles difuntos.

Amable Salvador, *Jesucristo*. Eres el Rey de reyes en el país de la dicha. Te pido que por tu misericordia oigas mi oración y liberes las almas del Purgatorio, en particular, N. . . . Llévalas de la prisión de las tinieblas a la luz y libertad de los hijos de Dios en el Reino de tu gloria. Amable Salvador, te doy gracias por haber redimido las pobres almas con tu preciosísima Sangre, salvándolas de la muerte eterna.

Dios *Espíritu Santo*, enciende en mí el fuego de tu divino amor. Aviva mi fe y confianza, acepta benignamente las oraciones que te ofrezco por las almas que sufren en el Purgatorio. Quiero aplicar los méritos de esta devoción en favor de toda la Iglesia Sufriente y en especial por mis difuntos padres, hermanos, hermanas, bienhechores, parientes y amigos. Atiende mi plegaria para que podamos reunirnos en el Reino de tu gloria.

Dios *Espíritu Santo*, te doy gracias por todos los beneficios con que has santificado, fortalecido y aliviado a estas benditas almas y en especial por consolarlas en los actuales sufrimientos con la certeza de la felicidad eterna. Que pronto se unan contigo y oigan aquellas benditas palabras que las llaman al hogar del Cielo: "¡Vengan, los Bendecidos por mi Padre! Tomen posesión del Reino que ha sido preparado para ustedes desde el principio del mundo" (Mt 25, 34).

Por los padres difuntos

¡OH Dios! nos mandaste honrar padre y madre. Por tu misericordia, ten piedad de mi padre (madre) y no recuerdes sus pecados. Que yo pueda verlo(la) de nuevo en el gozo de eterno fulgor. Te lo pido por Cristo nuestro Señor. Amén.

Por la familia

¡OH Buen Jesús! el dolor y sufrimiento de los demás conmovía siempre tu corazón. Mira con piedad las almas de mis queridos familiares del Purgatorio. Oye mi clamor de compasión por ellos y haz que aquellos a quienes separaste de nuestros hogares y corazones disfruten pronto del descanso eterno en el hogar de tu amor en el Cielo.

Oración

¡OH Dios! nuestro Creador y Redentor, con tu poder Cristo conquistó la muerte y volvió a Ti glorioso. Que todos tus hijos que nos han precedido en la fe (especialmente N. . . .) participen de su victoria y disfruten para siempre de la visión de tu gloria donde Cristo vive y reina contigo y el Espíritu Santo, Dios, por los siglos de los siglos. Amén.

Dales, Señor, el descanso eterno. Brille para ellos la luz perpetua. Descansen en paz. Amén.

María, Madre de Dios, y Madre de misericordia, ruega por nosotros y por todos los que han muerto en el regazo del Señor. Amén.

“Pidan y se les dará, busquen y hallarán, llamen a la puerta y les abrirán” (Lc 11, 19).

Quinta Parte

NECESIDAD PARTICULAR

28. NOVENA DE LA SALUD

MEDITACION

EN la naturaleza nada ocurre por casualidad. Las criaturas tienen razón de ser. También el sufrimiento tiene sus justas razones para existir en el mundo; si no fuera así, Dios no lo habría permitido.

No somos quién para pedirle cuentas a Dios. Debemos aceptar voluntariamente la vida como es, con sus dolores y gozos. Como criaturas dependemos de Dios nuestro Creador. El no nos abandonó después que nos trajo a la vida ni tiene intención de hacerlo. Pidámosle fe para poder ajustarnos a las penosas realidades de la vida dentro del plan de Dios. Las pruebas de cada día sólo nos hacen daño cuando nos revelamos contra ellas y contra el plan de Dios.

Nos vienen sufrimientos, tristeza, preocupaciones . . . , para recordarnos que la tierra no es un paraíso y que la vida, verdad y amor que ansiamos no se encuentran aquí abajo. La unión con Dios es el fin de nuestras vidas, como escribió San Agustín: "Nos has hecho para Ti, Señor, y nuestro corazón no tendrá paz hasta descansar en Ti."

Jesús es nuestro modelo en la aceptación voluntaria de las penas. Sufrimientos corporales, angustias, amargos desengaños, juicios falsos, traición de amigos íntimos, corrupción de jueces, separación violenta del amor de una madre. . . . Todo esto lo llevó sobre sí Jesús, consciente, libre y voluntariamente. Al final, en la Cruz, profirió esta palabra de triunfo: "Está consumado."

Todo fue conforme al plan de su Padre. En la Cruz se cumplió su plan, que no fue plenamente comprendido hasta tres días después, cuando la Semilla caída en el surco se levantó para una Vida nueva. Fue este el plan que Jesús dió a sus discípulos en el camino de Emaús: "¿No debía Cristo padecer estas cosas y así entrar en la gloria?"

El sufrimiento, pues, forma parte del plan de nuestro Padre. Una enfermedad puede causar muchos sufrimientos; pero dijo Jesús: "Vengan a mí los que se sienten cargados y agobiados, porque yo los aliviaré. Carguen con mi yugo y aprendan de mí que soy paciente de corazón y humilde, y sus almas encontrarán alivio. Pues mi yugo es bueno, y mi carga liviana" (Mt 11, 28-30). "En verdad, les digo: todo lo que pidan al Padre en mi Nombre, él se lo dará" (Jn 16, 23).

Quiere Dios que ores y así se cumplirá su promesa: "Pidan y se les dará, busquen y hallarán, llamen a la puerta y les abrirán" (Lc 11, 9). Por tanto, es justo pedir por la buena salud.

LA PALABRA DE DIOS

"Ustedes llorarán y se llenarán de pena mientras que el mundo se gozará. Ustedes estarán apenados, pero esa tristeza se convertirá en alegria . . . y nadie podrá quitarles esa alegría." — *Jn 16, 20-22*

"Más bien alégrense de participar en los sufrimientos de Cristo; pues en el día en que se nos descubra su Gloria, ustedes estarán también en el gozo y la alegría." —*1 Pe 4,13*

"Dios no les puede fallar y no permitirá que sean tentados sobre sus fuerzas. El les dará, al mismo tiempo que la tentación, los medios para resistir." —*1 Co 10, 13*

"Pidan y se les dará, busquen y hallarán, llamen a la puerta y les abrirán." — *Lc 11, 9*

ORACIONES

Oración propia de la Novena

JESUS, Médico divino, Tú has creado la naturaleza y el maravilloso funcionamiento del cuerpo humano. Eres el dueño de la creación. Tú puedes suspender, y en realidad suspendes, las leyes de la naturaleza en bien de quienes creen en tu bondad y te suplican con oración ferviente. Tú dijiste: "Pidan y se les dará, busquen y hallarán, llamen a la puerta y les abrirán" (Lc 11, 9). Lleno de confianza en esta promesa, te suplico me socorras en la presente necesidad *(Mencione el favor que desea).*

¡Jesús! Cuando vivías entre nosotros, curaste enfermedades y dolencias e incluso a los muertos les devolviste la vida, porque la gente te suplicaba orando que lo hicieses. Creo firmemente que Tú escucharás también mi oración, si así es la voluntad de Dios.

Te pido la gracia de entender más y más el amor infinito que tu Sagrado Corazón tiene por mí. Creo firmemente que Tú me amas con amor tal que todo lo dispones para mi propio bien, cuando esto pueda resultar a mi naturaleza difícil de soportarlo. Es un amor que hace bueno todo lo que en un momento dado yo consideraba malo. Amo tu Corazón porque me ama tanto.

Jesús, mi Salvador, te doy gracias por ser mi mejor amigo en cualquier enfermedad de mi vida y compañero de mis sufrimientos: te doy gracias por amarme con un Corazón humano como el mío. Un Corazón que puede comprender mis dolores y problemas, porque pasó por todos los que yo tengo que sufrir. Un Corazón que puede simpatizar conmigo y entablar amistad en la hora que más lo necesito; un Corazón que puede amarme con el amor propio de los mejores amigos. Tu Corazón arde por mí con amor inagotable porque su fuente es el amor abismo de la Divinidad. No me amas menos porque prodigues tu amor a innumerables almas.

¡Jesús! me uno a Ti cuando te ofreces a Ti mismo durante el Santo Sacrificio de la Misa, renovando el Sacrificio del Calvario. Pon en mí los sentimientos de tu Corazón para que con la Comunión frecuente y la oración pueda yo hacerme santo y agradable a Dios, digno sacrificio en unión contigo. Que todas las acciones, sufrimientos, lágrimas y decepciones de mi vida estén consagradas a Ti como sacrificio para la Gloria de Dios.

Dame la gracia de sobrellevar alegremente y con entusiasmo

cuanto Tú me envías o permites en mi vida, favorable o adverso, pues estoy resuelto a conformarme con tu divina voluntad en todo. No tenga yo otra voluntad más que la tuya. Amén.

Oración a nuestra Señora, Salud de los enfermos

MARIA, Madre amadísima, te invoco confiadamente como salud de los enfermos. Eres Madre de bondad, especialmente para quienes están bendecidos con la Cruz, en particular la enfermedad. Humildemente te pido esta gracia *(Mencione el favor que desea)*.

Madre del Perpetuo Socorro, te ruego que presentes mi petición a tu divino Hijo. No será rechazada si te dignas rogar por mí, porque tu intercesión es poderosa ante Dios. Con la confianza de un niño, me abandono a la santa voluntad de Dios. El cuidará de mis deseos.

Madre de misericordia, yo te amo; en ti pongo mi confianza. Por tus manos ofrezco a Dios todos los sacrificios que haya de soportar con todo el amor de mi corazón. Que todas mis penas se conviertan en un acto de amor a Dios, de reparación por mis pecados, y mérito por la salvación de las almas, en particular la mía. Enséñame a tener paciencia y conformidad con la voluntad de Dios, imitándote a ti, Madre Dolorosa.

℣. Ruega por nosotros, Señora Nuestra, salud de los enfermos.

℟. *Para que seamos dignos de las promesas de Cristo.*

OREMOS: Te rogamos, Señor Dios nuestro, que nos bendigas a nosotros tus siervos, con salud de alma y cuerpo, y por la gloriosa intercesión de la bienaventurada Virgen María, Salud de los enfermos, seamos libres de las tristezas presentes y disfrutemos de las alegrías eternas. Te lo pedimos por Cristo, Nuestro Señor. Amén.

Oración por paciencia en la enfermedad

PADRE celestial, tu Hijo aceptó nuestros sufrimientos para enseñarnos la virtud de la paciencia en medio de la enfermedad. Escucha mi oración y ayúdame a sufrir. Comprenda yo que Tú me has escogido para ser santo por medio del sufrimiento y que así esté yo unido a la Pasión de Cristo por la salvación del mundo.

Muestra sobre mí tu poder compasivo y devuélveme la salud, si es así tu voluntad, para que te de gracias con gozo en tu Iglesia.

Que mi corazón y mi cuerpo progresen en el amor a Ti y la paciencia de Cristo. Ayúdame, defiéndeme del mal y llévame sin peligro hasta la vida eterna.

Padre celestial, ¡hágase tu voluntad!

ISBN 978-0-89942-349-4
90000
9 780899 423494